FREI ROGÉRIO SOARES   SABRINA COSTA   DIEGO CIARROCCHI

EMAGREÇA REZANDO

O caminho espiritual da vida saudável

ANGELVS
EDITORA

```
Dados Internacionais de Catalogação na Publicação (CIP)
(Câmara Brasileira do Livro, SP, Brasil)

Soares, Rogério
   Emagreça rezando : o caminho espiritual da
vida saudável / Rogério Soares, Sabrina Costa,
Diego Ciarrocchi. -- 1. ed. -- São Paulo :
Angelus Editora, 2023.

   Bibliografia.
   ISBN 978-65-89083-43-6

   1. Crescimento espiritual 2. Emagrecimento -
Aspectos da saúde 3. Espiritualidade - Aspectos
de saúde 4. Oração - Cristianismo - Meditações
5. Vida espiritual I. Costa, Sabrina.
II. Ciarrocchi, Diego. III. Título.

23-184686                                    CDD-248.32
```
Índices para catálogo sistemático:

1. Oração : Cristianismo   248.32

Aline Graziele Benitez - Bibliotecária - CRB-1/3129

4ª EDIÇÃO

Copyright: © Angelus Editora – 2024

Direção Editorial: Maristela Ciarrocchi

Preparação: Bruno Maciel Onofrio

Revisão: Ariane dos Santos Neves Monteiro

Capa: Priscila Venecian

Diagramação: Rodrigo Sales

ISBN:978-65-89083-43-6

EMAGREÇA REZANDO

O caminho espiritual da vida saudável

 @EmagrecaRezando

 /EmagrecaRezando

APRESENTAÇÃO

"...diz-me como comes e dir-te-ei que alma tens."
(Papa Francisco)

Temos a satisfação de apresentar um livro, fruto da preocupação com a vida saudável, em todos os níveis. Sabrina Costa, Diego Ciarrocchi e, eu Frei Rogério Soares, nos unimos para oferecer um caminho, para todos que, assim como nós, tiveram ou têm dificuldade de emagrecer. Como sabemos, nem sempre o problema está na dieta, mas na falta de um espírito forte e decidido. Fortalecer a dimensão espiritual – eis o caminho.

No livro, o leitor vai chegar à conclusão, que viver bem deve ser a meta de cada pessoa humana, e viver bem passa pela alimentação, ou pelo autodomínio diante da comida. Nosso livro vai ajudar a escolher bem os alimentos, a ver a atividade física de forma leve e eficaz, tudo isso sob o prisma do cultivo interior da espiritualidade profunda.

Em cada capítulo será uma nova descoberta e um incentivo para viver, com intensidade, cada minuto de sua vida. Temos uma única vida, dada por Deus, essa vamos cuidar com sabedoria. Queremos a salvação do corpo e da alma, nesse mundo e na vida em Deus.

E para enriquecer mais ainda nossa obra, o Papa Francisco nos brindou com uma catequese, proferida no dia 10 de janeiro de 2024, do itinerário dos vícios e das virtudes, sobre a gula, que resume muito bem o motivo de escrevermos este livro. Leia com atenção o que Papa Francisco nos diz:

"...Jesus põe fim à distinção entre alimentos puros e impuros, que era uma das pedras angulares de certas culturas do mundo antigo, uma distinção feita pela lei judaica. Na realidade – ensina Jesus – não é o que entra no homem que o contamina, mas o que sai do seu coração. E dizendo isto, 'tornava puros todos os alimentos' (Mc 7,19). Por isso, o cristianismo não contempla alimentos impuros. Mas a atenção que devemos ter é interior: portanto, não sobre o alimento em si, mas sobre a nossa relação com ele. Jesus diz claramente que o que faz a bondade ou a maldade de um alimento, não é o alimento em si, mas a relação que tivermos com ele. Vemos isso quando uma pessoa tem uma relação desordenada com a comida, olhamos para a forma como ela come, come à pressa, como se tivesse vontade de se saciar e nunca se sacia, não tem uma boa relação com o alimento, é escrava da comida.

A relação serena que Jesus estabeleceu com a alimentação deveria ser redescoberta e valorizada, especialmente nas sociedades do chamado bem-estar, nas quais se manifestam muitos desequilíbrios e patologias. Come-se demais ou demasiado pouco. Come-se muitas vezes em solidão. Os distúrbios alimentares alastram-se: anorexia, bulimia, obesidade... E a medicina e a psicologia procuram abordar a má relação com a comida. Uma má relação com a comida produz todas essas enfermidades.

Tratam-se de doenças, frequentemente muito dolorosas, ligadas sobretudo aos tormentos da psique e da alma. Como Jesus ensinava, não é a comida em si que está errada, mas a relação que temos com ela. A alimentação é a manifestação de algo interior: a predisposição para o equilíbrio, ou para o exagero; a capacidade de dar graças, ou a arrogante pretensão de autonomia; a empatia de quem sabe partilhar a comida com os necessitados, ou o egoísmo de quem acumula tudo para si. Esta questão é muito importante: diz-me como comes e dir-te-ei que alma tens. No modo de comer revela-se a nossa interioridade, os nossos hábitos, as nossas atitudes psíquicas.

Os antigos Padres designavam o vício da gula com o nome de 'gastrimargia', termo que se pode traduzir por 'loucura do ventre'. A gula é uma 'loucura do ventre'. E há também este provérbio: devemos comer para viver, não viver para comer. A gula é um vício que se insere precisamente numa das nossas necessidades vitais, como a alimentação. Tomemos cuidado com isso!

Se a virmos de um ponto de vista social, talvez a gula seja o vício mais perigoso, que mata o planeta. Pois o pecado de quem cede diante de uma fatia de bolo, considerando bem, não causa grandes danos, mas a voracidade com que nos desencadeamos, desde há alguns séculos, sobre os bens do planeta compromete o futuro de todos. Apoderamo-nos de tudo, para nos tornarmos donos de tudo, quando tudo estava entregue à nossa preservação, não à nossa exploração! Eis, pois, o grande pecado, a fúria do ventre: abjuramos o nome de homens, para assumir outro, 'consumidores'. E hoje, diz-se assim na vida social: 'consumidores'. Nem sequer nos damos conta de que alguém começou a chamar-nos assim. Fomos feitos para ser homens e mulheres 'eucarísticos', capazes de dar graças, discretos no uso da terra e, ao contrário, transformamo-nos, o perigo é de nos transformarmos em predadores, e agora damo-nos conta de que esta forma de 'gula' nos fez muito mal, a nós e ao ambiente em que vivemos. Deixemos que o Evangelho nos cure da gula pessoal e da gula social no mundo. Peçamos ao Senhor que nos ajude no caminho da sobriedade e que os vários tipos de gula não se apoderem da nossa vida."

Esperamos que, como as palavras do Papa Francisco, você possa buscar nas páginas deste livro, o mais importante: quem você se torna neste caminho. Qual ser humano você entrega de presente a Deus. Quais as virtudes que você conquistou com autodomínio da gula e como cuidou da sua casa, que tem como hóspede o bem mais precioso, sua alma.

O resultado com a balança será importante para sua saúde, mas não será o mais importante. O mais importante será, sem dúvidas, as descobertas, o autocontrole e o seu SIM diário. Com este livro você saberá para onde deve voltar. Quantas vezes? Todos os dias, pois trata-se de um projeto de vida, que durará o tempo que estiver vivo.

Quanto a nós? Estaremos juntos, nos encontrando entre um ovo mexido no café da manhã, uma meditação diária e uma caminhada ao sol.

Os autores

SUMÁRIO

INTRODUÇÃO... 13
Orientações práticas..21
Disciplina na vida de Oração.....................................21
Moderação na alimentação..................................... 22
Atividade Física... 23

01. Não só de pão vive o homem, mas de toda
Palavra que sai da boca de Deus............................25

02. A espiritualidade aplicada à perda de peso....37

03. Sentir-se amado por Deus que é Pai...............45

04. A desintegração do Ser....................................53

05. Viva o presente!...61

06. O Exagero serve para quê?.............................69

07. Alimentado Espiritualmente........................... 77

08. Emagrecer. Difícil, mas não impossível!.........85

09. Jejum, caminho de autoconhecimento
e autodomínio.. 95

10. Ciclo existencial do amor divino...................105

11. Amor-Próprio emagrece..................117

12. Que a oração leve você a habitar seu corpo.127

13. O autoconhecimento aplicado ao emagrecimento........................137

14. Gula...................147

15. Por que rezar emagrece?...............159

Bibliografia...............167

INTRODUÇÃO

A ideia deste livro nasceu e foi gestada no Seminário São Pedro Pascual, em Brasília, da minha Congregação, a Ordem de Nossa Senhora das Mercês, nos idos de 2016. Eu percebi que alguns seminaristas estavam bem acima do peso, obesos mesmo. Então propus para eles um caminho espiritual para uma vida saudável — a partir de umas intuições que eu tive ao ler os Padres do Deserto — que incluía meditação e moderação na alimentação. Eles toparam. Uma vez por semana nos reuníamos para meditar e partilhar nossas dificuldades em emagrecer. Tinha também o momento de nos pesar, tirar as medidas abdominais e, semanalmente, anotávamos nossos pesos e medidas. Eu também estava incluído, evidentemente, pois precisava perder uns quilos. Alguns tiveram grandes resultados, outros emagreceram bem e uma parte se manteve na mesma.

A partir dessa experiência e observando a dificuldade de tantas pessoas em fazer dieta — e manter-se nela — debrucei-me a estudar e investigar esse fenômeno. Vi, recentemente, um estudo e fiquei chocado: é mais fácil deixar o vício das drogas do que emagrecer, é mais fácil parar de usar crack do que fazer dieta. A explicação é que nascemos para comer e não para usar drogas, portanto, quanto mais temos compulsão por comer muito, mais difícil será a superação.

Desta forma, passei a questionar-me: deve haver um motivo que nos leva a comer desmedidamente e, depois, a não conseguir emagrecer com facilidade. Até vejo as pessoas fazendo dieta e alcançando algum resultado, porém, não saem do efeito sanfona. Estatísticas mostram que as populações do mundo inteiro vêm engordando muito, e por incrível que pareça, em países ricos e pobres. Isso mesmo, entre os mais pobres temos também um crescente índice de obesidade. O que aconteceu? O que está acontecendo?

As explicações são múltiplas e, por vezes, controversas. O certo é que tivemos grandes mudanças no estilo de vida da Idade Moderna para cá. Saímos de um contexto rural para a vida nas cidades. Na roça, comiam tudo natural e trabalhavam de sol a sol, de forma braçal, além disso, havia também uma habitual vida espiritual. Com o aumento demográfico e a industrialização, houve a necessidade de produzir alimentos em larga escala e, dessa forma, nascem os alimentos processados e, ultimamente, os ultraprocessados.

Segundo um estudo que li, no livro "Tudo começa com a comida" (Dallas Hartwig), com o advento dos alimentos processados, passamos a ingerir comida modificada, o que nos levou a confundir nosso organismo. Esses alimentos, até então desconhecidos, ao serem consumidos, não conseguem informar ao cérebro que estamos saciados, e voltamos a sempre comer mais. Alcançamos uma certa sacies, mas não a verdadeira saciedade.

Não posso deixar de citar os estudos que apontam

que nós nos viciamos facilmente em carboidratos processados e açúcares. As substâncias desses alimentos liberam as famosas dopaminas e serotoninas no cérebro, responsáveis pela sensação de prazer intenso. Gostamos de sentir bem-estar, euforia, adrenalina na veia. Na verdade, somos viciados nessas substâncias ativadas em nosso cérebro, e como a ingestão desses alimentos nos traz tudo isso, logo, é comum querer sempre mais. O princípio de viciamento é o mesmo que leva uma pessoa a se viciar em drogas, álcool ou outro qualquer, inclusive o vício em jogos de azar. Então, comemos porque somos viciados em comida. Só posso chegar à conclusão de que só um poder grandioso, superior e espiritual, o poder de Deus, pode nos ajudar nessa causa complexa.

Agora entramos na tese central do livro, sem deixar de considerar, evidentemente, o que já se tem escrito sobre o assunto. Parto do princípio de que perdemos a capacidade do autodomínio, do autocontrole. Hoje, mais do que nunca, somos levados por nossos instintos e pulsões carnais, ao invés de agir através da própria razão. Deixamos de ser senhores de nós mesmos, perdemos as rédeas de nossas vidas, agimos de acordo com os ventos, as modas, as tendências. Isso vale para todos os âmbitos da existência. A começar pela dimensão das paixões, da afetividade e da sexualidade. É certo que sempre o ser humano foi assim, São Paulo já chamava a atenção para as paixões desordenadas e as armadilhas, e falava dos desejos da carne que se opõem ao espírito. Porém, nos tempos hodiernos, os estímulos externos são muito mais agressivos. A velocidade da informação, o bombardeio das publicidades, a erotização exacerbada, as redes sociais que ocupam metade de nosso tempo, o sedentarismo, o barulho excessivo e, o mais grave: a falta de Espiritualidade profunda. Tudo isso nos jogou numa vala comum da fragmentação do ser e da desordem do eu. O "ter" e o "parecer" se sobrepõem à verdade sobre mim.

Deixamos de levar a sério e praticar o primeiro — e grande — mandamento: "Amar a Deus sobre todas as coisas". Quando o nosso coração e a nossa mente estão direcionados para o alto, conseguimos gerir melhor as coisas aqui de baixo. Tornamo-nos menos apegados. O apego é fonte de adoecimento, o que também ensina o Budismo, com as 8 vias para superar o apego. Apegar-se às coisas é tornar-se refém delas; ao invés de possuirmos as coisas, são elas que nos possuem; ao invés de amarmos as pessoas, queremos ser donos delas; ao invés de nos alimentarmos de comida, é ela que nos devora. Isso porque estamos em busca de absoluto, de um deus. Se não é o Deus todo poderoso, criador do céu e da terra, revelado nas Sagradas Escrituras, será o deus que criei para mim. Perdemos o temor de Deus, dessa forma, tudo pode, tudo é permissivo, tudo me convém desde que eu deseje.

Outra herança dos tempos atuais é a ansiedade. Segundo meu entendimento, uma das causas da ansiedade é a distância entre o tempo das máquinas e o tempo do ser humano. Explico: a velocidade com que a tecnologia resolve as coisas é bem diferente do tempo que nós humanos resolvemos as nossas. Que bom seria se num clicar de botão tudo se resolvesse, nossos traumas, nossas frustrações, nossos medos, mas em nós, requer processo, tempo. Do ponto de vista biológico nós somos os mesmos primatas de 180 mil anos atrás. Agora imagina os *homo sapiens* inseridos neste mundo veloz e tecnológico. Tudo lá fora é rápido e tudo aqui dentro de mim é lento. A ansiedade, portanto, é querer que tudo seja rápido como é rápido nos controles remotos, em que mudo de canal num mover de dedos. É querendo resolver tudo rápido, sem respeitar o processo, que me torno ansioso. Confundimo-nos com as máquinas! Talvez por isso que Charlie Chaplin teria dito a célebre frase, no discurso final do filme "O Grande Ditador": "Não sois máquina, homens é que sois".

Fato é que nos tornamos ansiosos, tanto que se fala que a ansiedade é o mal do século. Impressiona ver como as crianças, os jovens, os adultos e até os idosos sofrem de transtorno de ansiedade. Estamos mais ansiosos e, consequentemente, mais propensos aos transtornos, às compulsões. O principal é o transtorno alimentar, que se reflete numa compulsão por comida. Aqui nascem todos os problemas de saúde, de estética, de autoestima, emocionais e espirituais.

Trazendo para nossa dimensão espiritual, podemos dizer que estamos esfacelados interiormente, desintegrados, perdemos a unidade, a comunhão, estamos sem direção e por isso não temos autocontrole. Perdemos os limites, desejamos ser livres. Liberdade pressupõe limite. Por mais paradoxal que seja, só seremos livres se nos impusermos limites. Caso contrário, seremos escravos de nós mesmos e de nossos vícios.

Você pode estar se perguntando, o que tudo isso tem a ver com emagrecer? Pois bem, tem tudo a ver. A nossa primeira perda de controle pode vir à mesa, quando exageramos na comida para compensar nossa ansiedade ou nossas frustrações. A mesa pode se tornar o reflexo da vida desregrada, um espelho do interior bagunçado. Ao longo do tempo percebi que quando estou mais integrado espiritualmente, eu como menos, sou mais sóbrio, menos exagerado. Este livro escrevi entre dois importantes retiros de silêncio que fiz, um em 2019 e outro em 2023. Nos retiros busco me observar e notei que quando estou em maior sintonia com Deus, rezando com disciplina, alimento-me com moderação. Isso acontece porque estou mais conectado comigo mesmo, com Deus, e logo sinto que estou saciado. Outro dia um confrade de minha comunidade religiosa saiu para um retiro inaciano de silêncio de 30 dias e quando voltou estava bem mais magro. Então perguntei o que tinha acontecido, e ele disse que tinha rezado muito, fez boas caminhadas e se alimentou bem.

Cheguei à conclusão — não só por esses fatos relatados, mas também por ter analisado os Padres do Deserto e outros estudos — que o comportamento à mesa passa pela espiritualidade. Quanto mais em comunhão com Deus estou, menos necessidade de me encher de comida. Quanto mais organizo minha vida a partir de uma espiritualidade integradora, mais sóbrio serei diante da comida. Atenção: falo de espiritualidade integradora e profunda, não é qualquer jeito de rezar que me leva a tal nível. Aqui, neste livro, vou ensinar a milenar arte da Meditação Cristã, já ensinada pelo Padre da Igreja João Cassiano e retomada nos tempos modernos pelos monges John Main e Laurence Freeman.

Enfim, como você pode ver, este não é um livro de dieta, mas um livro de espiritualidade. As dietas, geralmente, são boas, são bem pensadas e trazem resultados. O problema é segui-las. E não seguimos bem porque nos falta disposição interior para isso, falta robustez espiritual, silêncio interior, capacidade de começar a dieta e mudar o estilo de vida. Não basta fazer dieta, temos que mudar de vida, é necessário transformação, ser um novo homem e uma nova mulher. Fácil não é, requer renúncias e sacrifícios, mas o resultado é surpreendente. Está disposto a percorrer essa aventura em nossa companhia? Falo em nossa companhia, pois convidei dois grandes profissionais para escrever esta obra comigo: a Professora Dra. Sabrina Costa e o Professor Diego Ciarrocchi. Ambos aceitaram o desafio, e a partir das próprias vidas vão oferecer caminhos para o emagrecimento saudável.

Em cada capítulo do livro teremos quatro seções: na primeira, uma formação humana espiritual; depois, lições sobre meditação, ambas escritas por mim. Em seguida, a seção "Dicas de alimentação. Siga sua trilha", conduzida pela competente Professora Sabrina Costa e, por fim, "Agora é hora de mover o esqueleto", com o irreverente professor Diego Ciarrocchi.

Frei Rogério Soares

ORIENTAÇÕES PRÁTICAS

Como vimos na introdução, muitas vezes o descontrole na comida é decorrente de uma bagunça espiritual. Dessa forma, organizando a vida espiritual é possível assumir um novo estilo de vida e perder peso. Para isso, é necessário potencializar a relação com Deus e viver uma maior comunhão com Ele. Três coisas são necessárias: disciplina na vida de oração, moderação na alimentação e atividade física.

DISCIPLINA NA VIDA DE ORAÇÃO

- A oração é um caminho diário, um compromisso de todos os dias. De preferência, rezar na mesma hora e no mesmo lugar. Sua oração deve lhe levar à comunhão com Deus. Dessa forma, sempre peça o auxílio do Espírito Santo, que seja Ele a lhe conduzir. Seja disciplinado na oração. Assim como o atleta se exercita repetidamente para alcançar o resultado esperado, devemos fazer o mesmo quando rezamos. Aqui no livro ensinaremos a Meditação Cristã, que requer constância.

- Recomendamos que, ao participar das Missas, participe com toda devoção e peça a graça de emagrecer, faça um compromisso com Deus. Ele que lhe criou, Ele que conhece você. Ele lhe dará as condições de emagrecer de forma saudável. Na hora da elevação do pão e do vinho, na hora do banquete da vida, na consagração, entregue seu desejo de uma vida sóbria. No final da Missa, visite o Santíssimo, faça mais uma oração, e busque maior comunhão com Deus.

- Antes de cada refeição, faça esta oração: *Senhor, louvo-te pelo alimento e agradeço-te pela vida. Concede-me, Ó Pai, a graça de alimentar-me com moderação e sobriedade, comendo o necessário, sem exagero. Rogo-te pelos pobres que nada tem para comer. Por Cristo, Nosso Senhor, amém. Pai Nosso...*

É imprescindível disciplina e constância no compromisso com a oração. Caso tenha tempo, pode-se fazer outros momentos de espiritualidade: ler a Bíblia, rezar o terço mariano ou o terço da misericórdia, além da participação em rezas ou grupos de oração. Recomendamos, caso ache importante, convidar amigos para montar um grupo e, assim, vocês podem ler o livro juntos e fazer o caminho em comunidade.

MODERAÇÃO NA ALIMENTAÇÃO

- Mostraremos no livro que a vida de oração lhe trará maior consciência de si, maior comunhão com Deus. A oração ajuda a ter autodomínio e lhe dá clareza do verdadeiro nível de fome que você se encontra. Ao mesmo tempo que comer menos e de forma saudável ajuda a rezar melhor. Uma coisa está intimamente ligada a outra. Como sabemos, a gula é um grave pecado, pois perturba a alma, fere o autocontrole e abre as portas para outros pecados. Daremos dicas de bons hábitos e rituais alimentares, como também a função dos alimentos em nossa vida.

ATIVIDADE FÍSICA

- Nosso corpo foi feito para o movimento, para gastar energia. Viver uma vida sedentária, sem exercícios, é ir contra a natureza humana. Logo, teremos uma disfunção no nosso organismo e engordar é uma consequência. Fazer exercício físico faz tão bem para o corpo, que libera substâncias boas no cérebro. Como faz bem para a alma, direciona para Deus, o Criador. Daremos ótimas dicas de atividades físicas e prazerosas.

Nesse método simples, tradicional e fácil, além de você emagrecer, irá alimentar sua vida espiritual, dando-lhe maior qualidade de vida e mantendo-lhe bem perto de Deus. Você ganhará qualidade em todos os níveis de sua existência.

1

NÃO SÓ DE PÃO VIVE O HOMEM, MAS DE TODA PALAVRA QUE SAI DA BOCA DE DEUS

Frei Rogério Soares

Nós nascemos para muito mais, do que apenas comer. A vida é feita de palavras, sonhos, ideais, metas, amor, amizades, saúde, solidariedade, beleza, oração, espiritualidade e muito mais! Por que a comida está ocupando o centro de sua vida?

Por que você precisa comer tanto? Comer além da medida? O seu corpo necessita de bem menos. Por que essa loucura de comer, comer e comer? Tem algo ou alguém que lhe obriga a agir assim? São perguntas que devemos fazer dentro de um processo de emagrecimento. É possível que sejamos obrigados a ser comilões.

Existem forças invisíveis que nos levam a ter determinadas posturas que nem sempre conhecemos. É imprescindível meditar sobre isso. Estudos mostram que em pouquíssimos casos os gordinhos são gordinhos por uma questão de genética, na maioria dos casos, os gordinhos são gordinhos porque comem muito mesmo.

Nas minhas pesquisas encontrei uma explicação interessante para o fato de comermos como um leão. A razão estaria na ancestralidade. Os *homo sapiens*, que surgiram cerca de 180 mil anos atrás, desenvolveram a arte de caçar para sobreviver. Como nem todo dia tinham caça e nem tinham geladeira para guardar a comida para o dia seguinte, eles comiam o máximo que podiam para guardar reservas no corpo, assim sobreviviam nos dias sem caça.

Essa informação teria ficado no nosso inconsciente coletivo. Sendo assim, cada vez que estamos diante da comida, o gatilho ancestral é acionado e comemos pensando que não haverá mais comida no dia seguinte. Lembro do meu avô, Cândido, que dizia, com sua sabedoria popular: "Vamos comer, pois não sabemos que dia vamos comer novamente".

Recordo-me quando eu levava alguns moradores em situação de rua para comer no *self-service*, eles comiam tanto que eu ficava impressionado. Então, eu perguntava: "por que vocês comem tanto assim?". E eles respondiam: "hoje tem comida boa, amanhã não sabemos como será". Numa outra ocasião, levei o Zé, morador em situação de rua, para uma casa de recuperação. Na hora do almoço ele pegou dois pratos e encheu os dois de muita comida, olhei, mas nem perguntei porquê ele fez aquilo.

Nós somos regidos por forças invisíveis que nem sabemos de onde vêm. É importante ter consciência que comemos muito movidos por realidades alheias à nossa vontade. Outro fator que nos faz comer sem medida é a ansiedade, o mal do século. A falta de amor-próprio também leva a pessoa a não se cuidar e comer exageradamente. Posso citar também as memórias afetivas que temos com certas comidas, que nos conectam com pessoas amadas da infância ou momentos únicos, o que nos leva a comer sem medida.

Como vemos, forças poderosas nos fazem comer destemperadamente. Sendo assim, só algo mais forte do que tudo isso pode levar você à uma vida sóbria e moderada, alcançar o corpo tão desejado e recuperar a saúde perdida. Estou falando da espiritualidade, da oração, da reza diária. É isso que nos dá autocontrole e domínio de si. A vida de oração, com perseverança, nos alimenta do bem mais precioso: Deus, a Palavra e, com isso, comeremos o pão de cada dia com moderação.

APRENDENDO A MEDITAR

Lição 1

Sente-se com a coluna ereta, concentre-se em sua respiração, busque integração, comece a mover os dedos dos pés, depois joelhos, mãos, pescoço, sinta todo seu corpo e entre em comunhão consigo. Inspire profundamente e expire suavemente, ou seja, solte o ar lentamente pela boca, faça isso por três vezes. Em seguida, repita a palavra *Maranathá* apenas na mente, sem balbuciar som algum. Muitos pensamentos começarão a sair de sua mente e poderão lhe distrair, deixe-os ir embora e volte sempre a repetição da palavra *Maranathá*. Esse mantra foi tirado da própria Sagrada Escritura, que significa "Vem Senhor", do aramaico. Meditar é simples, mas muito eficaz e lhe coloca em comunhão com o Criador, Deus Pai.

Comece hoje mesmo a prática da meditação. De preferência, um tempo pela manhã e outro pela tarde. Os Mestres da meditação cristã recomendam 20 minutos pela manhã e 20 minutos à tarde. Você sentirá maior comunhão consigo mesmo... com a natureza, com as pessoas e com Deus. Esse é o princípio da Unidade do ser, da integração espiritual. Esteja certo, essa experiência lhe levará a comer menos.

DICAS DE ALIMENTAÇÃO. SIGA SUA TRILHA!

Sabrina Costa

Entendendo a velha trilha, para construir a nova.

Você já deve ter se perguntado muitas vezes: "por que não consigo emagrecer?"; "por que não consigo seguir uma dieta?"; "por que não tenho força de vontade?" Pode ficar tranquilo, você não está sozinho nessas questões. Permita-me explicar algo que pode lhe ajudar a entender melhor o seu comportamento alimentar, e com isso será mais generoso e eficiente com você no processo.

A forma como nos alimentamos, os nossos gostos, toda a construção da particularidade do ser humano, está relacionada à nossa história familiar, aos nossos afetos e desafetos, às nossas emoções, cansaços, incertezas, alegrias e conquistas.

Imagine que seu comportamento alimentar é como esse *iceberg* da imagem. O que você consegue identificar, num processo consciente, é só a ponta da geleira, todo o gelo submerso fica escondido pelas boas e más águas de sua vida.

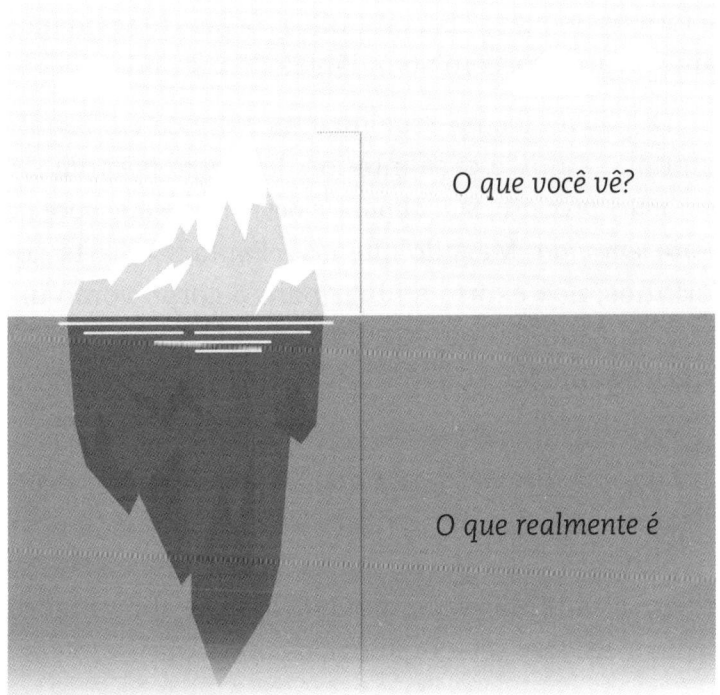

Convido-lhe a abaixar as águas. Vamos conhecer o nosso interior e fazer o que o Cristo nos propôs: "avançar para águas mais profundas" (cf. Lc 5,4).

Cabe aqui uma reflexão. Se hoje, você me convidasse para tomar um café em sua casa, o que eu encontraria? Estou certa de que lá teria um lugar aconchegante, que pudesse me sentar, uma boa conversa, um cafezinho passado na hora, um lugar limpo e organizado. Por mais simples que seja a nossa casa, procuramos mantê-la sempre limpa, organizada, reformada, enfeitada, deixando o nosso lar um lugar agradável para se viver.

Se da mesma forma, eu pudesse visitar o seu corpo interior, eu encontraria o mesmo cenário? Encontraria um corpo organizado, com células saudáveis, nutridas de forma adequada? Encontraria os órgãos funcionando sem sofrimento, com abundância de nutrientes?

O que vemos no espelho e na balança é o retrato exterior, da nossa casa interior. *Seu corpo hospeda seu bem mais precioso, sua alma, e é neste corpo que você irá morar em vida.* Mais do que isso, Paulo, na Carta aos Coríntios, nos exorta a olhar para o corpo como um santuário, um templo sagrado, no qual quem vive é o Espírito Santo (cf. 1Cor 6,19). Nosso Corpo, Nossa Casa, Nosso Templo!

Eu sou Sabrina Costa, e vou lhe acompanhar nesta reforma, na construção desta nova vida, deste novo templo que irá se erguer. Aqui na "Trilha", vai encontrar um novo caminho, vai entender como se alimentar de forma a edificar seu corpo e não o destruir.

Vamos iniciar o caminho observando e registrando quais serão as demandas para a reforma. Voltando à imagem do *iceberg*, faça duas listinhas: na primeira coloque o que consegue identificar como um comportamento alimentar que destrói e não edifica seu corpo; na segunda lista escreva as razões, que você observa, que lhe levam a esse tipo de alimentação.

LISTA 1 - PONTA DO ICEBERG:

Liste aqui como você tem se alimentado; como você faz suas refeições; quais alimentos fazem parte do seu dia a dia; quais alimentos não podem faltar na sua geladeira e no seu armário; quais alimentos que você considera "afetivos", que *você ama comer*.

LISTA 2 - GELO SUBMERSO:

Liste aqui quais são os motivos que você identifica, que lhe levaram a estar acima do peso; o que lhe faz perder o controle da alimentação; o que é preciso parar de fazer para ser saudável e emagrecer; quais áreas de sua vida causam descontentamento e ansiedade; qual a **tristeza/saudade** que carrega em seu coração, que é gatilho para sua má alimentação; o que faz **diariamente** que lhe **sobrecarrega**, que lhe estressa.

AGORA É HORA DE MOVER O ESQUELETO!

Diego Ciarrocchi

Foi dada a largada! Eu sou o Diego Ciarrocchi e vou lhe acompanhar para que, ao final de cada capítulo, você reserve um tempinho para se mexer. Seja mais forte que sua melhor desculpa, e por mais longa que seja a caminhada, o importante é o primeiro passo. Pode ter certeza, ele é sempre o mais difícil.

Minha primeira dica é: **NÃO VIRE A PÁGINA**. Isso mesmo, não leia o próximo capítulo, sem ter movido seu corpo. "Ore e trabalhe", como dizia São Bento. Então, ao final de cada capítulo temos um compromisso, ou melhor, você tem um compromisso com você mesmo de avançar um passo para sua "autodeclaração" de amor, que é cuidar do seu corpo, afinal, você mora nele.

Vamos lá? Neste primeiro capítulo eu criei uma lista com um passo a passo para lhe ajudar a começar. À medida que você marcar o item, avança para o próximo. E quando menos esperar já estará no próximo capítulo do livro e da sua nova vida.

"Faz bem ao teu corpo, para que a alma tenha o prazer de nele habitar" (Santa Teresa de Ávila)

LISTINHA PARA SUA NOVA ROTINA

☐ *Beba água*

Antes de qualquer coisa, hidrate-se bem, mesmo no frio, com pelo menos 2,5 litros de água por dia. Não vale refrigerante, mas vale água saborizada com algum pedaço de fruta. Fica uma delícia.

☐ *Separe uma roupa confortável*

Não precisa ser cara, nem tecnológica, mas é importante você criar um ritual. Se for se exercitar pela manhã, vale já deixar a roupa separada na noite anterior.

☐ *Estique-se*

Alongue-se, sem forçar. Faça movimentos lentos respeitando o limite do seu corpo.

☐ *Reze caminhando*

Vamos lá! Pode caminhar na rua, na esteira, no parque, em volta da Igreja ou onde desejar. O importante é ser uns 20 minutinhos (se não der, tudo bem, respeite seu corpo). Você pode rezar o terço da misericórdia, ouvir o evangelho do dia, entoar salmos ou rezar com alguma música. Se você não puder caminhar, substitua por bicicleta, dança, natação ou até mesmo aqueles aparelhos que geralmente estão nas praças.

☐ *Agradeça*

Reserve uns minutinhos finais da caminhada para agradecer. Escolha somente um motivo pelo que você é grato naquele dia.

☐ *Teste durante 3 dias, em horários diferentes*

Tem gente que é mais matutino, outros são mais noturnos. Em que horário você funciona mais? Teste a mesma atividade em 3 dias diferentes e perceba em qual delas você termina com uma maior sensação de bem-estar. A gente vai usá-la nos próximos capítulos para criar a sua rotina.

Conseguimos! Agora você está pronto para o próximo capítulo, se quiser use este espaço para anotar o que sentiu neste começo, o que foi mais difícil? Como se sentiu ao final? É importante registrar. Vamos lá!

2

A ESPIRITUALIDADE APLICADA À PERDA DE PESO

Frei Rogério Soares

Antes de tudo, é importante dizer que a espiritualidade serve para muito mais do que para perder peso, se fosse só para isso, reduziríamos muito a importância. Rezamos para estarmos em comunhão com Deus. A proposta deste livro é voltada, sobretudo, para levar você a ter uma vida equilibrada por meio de um método de oração. Com a espiritualidade você vai ser mais senhor de si.

Sendo senhor de si, você vai viver melhor, alcançar bem estar, amar-se mais e, consequentemente, comer menos, ou seja, comer o que seu corpo realmente precisa. Os Padres do Deserto, que foram homens que viveram no século IV, foram para o deserto em busca de autodomínio e para vencer os próprios demônios, e fizeram isso por meio de uma espiritualidade asceta.

Mas, afinal, o que é espiritualidade? É um conjunto

de práticas e posturas que leva a pessoa a uma comunhão, consigo mesmo e com Deus. Essas práticas são realizadas dentro de uma disciplina. Espiritualidade vem de espírito. É alimentar, portanto, o espírito. Nós somos corpo, alma e espírito. A alma faz a ponte entre o corpo, o espírito e Deus. A dimensão espiritual tem alimentos próprios.

Quais são os alimentos do espírito? O espírito, por meio da alma, alimenta-se daquilo que não se vê, não se toca e não se compra. É Deus, portanto, o nosso primeiro alimento. Não é por acaso que Cristo se fez alimento na Eucaristia, dizendo *"Tomai e comei, isto é o meu corpo"* e *"Tomai e bebei isto é o meu sangue"* (cf. Mt 26,26-28).

Temos outros alimentos do espírito, como o amor da família, a boa amizade, o beijo, o abraço, a solidariedade, ver o sol se pôr, contemplar o mar, sentir a natureza, a meditação diária e a brisa leve no rosto. Meu último formador do seminário, Pe. Santos, sempre dizia: "O que é mais maravilhoso e essencial na vida é totalmente gratuito". Talvez por ser grátis muita gente não valoriza e não busca.

Tem uma corrente que separa Espiritualidade da Religião. Muitos dizem que as pessoas que praticam a religião são desprovidas de espiritualidade. De certa forma, até concordo que existam essas pessoas, mas não podemos comprometer a importância da religião por causa do comportamento de alguns. As religiões sérias oferecem meios e práticas aos seguidores para viverem a espiritualidade.

Unindo o essencial da religião e abraçando o que é totalmente gratuito nesta vida, vamos encontrar nosso caminho espiritual. Encontrado o caminho, você encontrará foco, equilíbrio, qualidade de vida, respeito ao corpo, alegria de viver e comunhão com Deus. Com tudo isso em dia, é impossível você se desgraçar na comida e engordar sem medida.

Rezar emagrece, sim. Essa é minha conclusão, pois rezar coloca você em comunhão com Deus, o alimento dos alimentos, coloca você em harmonia consigo mesmo, aumentando sua autoestima e valorizando seu eu, reforçando o autodomínio. Uma pessoa cheia de Deus não vai precisar se encher de comida, gordura, dobradinha, hamburgueres, frituras, refrigerantes, nem vou seguir a lista!

Lição 2

APRENDENDO A MEDITAR

Ao repetir a palavra *Maranathá,* faça de forma pausada, em quatro sílabas de igual duração, ma-ra-na-thá. A repetição deve ser constante. Alguns a fazem no ritmo da respiração. O importante é que sempre que se distrair, volte a repetir. Algumas pessoas me dizem: "Frei, não consigo meditar". Mas o que é "não conseguir meditar"? O fato de você não se concentrar e muitos pensamentos começarem a emergir, não significa que você não está meditando, pelo contrário, você está expelindo muitos pensamentos inúteis e esvaziando a mente, você deve voltar à repetição da palavra, isso é meditar!

DICAS DE ALIMENTAÇÃO. SIGA SUA TRILHA!

Sabrina Costa

O milagre está no caminho...

Paulo encontrou-se com Jesus no caminho (cf. At 9). Foi nesse caminho que a vida dele se transformou. O encontro com Cristo mudou a conduta, a forma de ser. Ele abraçou o Cristianismo com uma maneira diferente de viver, com um novo jeito de agir, com uma nova identidade e, até mesmo, com um novo nome.

Paulo encontrou no caminho o grande milagre da vida, e pode ensinar que a transformação do ser humano passa pela dimensão completa da vida. O Corpo, a Alma e o Espírito. A rota mudou, uma nova TRILHA foi construída, um novo CORPO, um novo homem, um novo TEMPLO se ergueu. A história do Cristianismo foi reconstruída, não no cumprimento de regras e SIM na transformação completa do ser humano. Tal qual Deus o criou, para uma vida imortal e eterna.

Vamos iniciar hoje a construção de um novo caminho? Um caminho novo, novinho, repleto de flores, boas sensações, boas companhias e resultados excepcionais. Para isso, precisamos começar desbravando uma pequena trilha em uma floresta de mata fechada. Convido-lhe a não usar trilhas já feitas, caminhos já percorridos, muitas vezes marcados com o gosto amargo do insucesso. As trilhas que você seguiu até agora não lhe levaram à saúde do corpo e da alma que você está buscando. Vamos fazer de novo, de uma forma nova, leve e feliz.

Seu caminho será iluminado pela luz do conhecimento, a luz da VERDADE. A partir daí, sentirá o gosto de ser livre. Ser livre para ser saudável; ser livre das dependências, para voltar a ter consigo o poder das escolhas; ser livre para estar em sua melhor versão.

Cada vez que caminho na direção do cuidado com o meu corpo, cuido também da minha alma, e posso repetir em meu coração: "EU VIVO, MAS JÁ NÃO SOU EU; É CRISTO QUE VIVE EM MIM" (Gl 2, 20)

AGORA É HORA DE MOVER O ESQUELETO!

Diego Ciarrocchi

Que bom lhe encontrar novamente! Parabéns! Se você chegou até aqui, significa que já marcou nossa listinha do capítulo 1, certo? Parece pouco, mas celebre as pequenas conquistas. Nosso cérebro não se preocupa com o tamanho das ações, mas é sedento por recompensas que motivam a continuar.

Bom, chegou a hora de criar uma rotina. O segredo para emagrecer? Não é dieta, não é treino, não é acordar cedo. O segredo é a constância. Nada disso funciona se você se dedica às vezes. Nós precisamos do "Pão nosso de cada dia", mas também do "treino nosso de cada dia". Então preencha as perguntas abaixo, tire uma foto, coloque de fundo de tela no celular, imprima e cole na geladeira para não esquecer, e bora se mexer!

MINHA ROTINA

1 - Qual o melhor dia da semana para eu mexer o corpo? (Escolha 3x por semana, se não der no início, tudo bem, comece com 1 dia e vá aumentando)

☐ Segunda-feira ☐ Terça-feira ☐ Quarta-feira

☐ Quinta-feira ☐ Sexta-feira ☐ Sábado

☐ Domingo

2 - Qual o melhor horário para me exercitar?

☐ Manhã ☐ Tarde ☐ Noite

3 - Já sei o local onde vou me exercitar?

☐ Sim ☐ Não

4 - Qual atividade física vou fazer?

_____

5 - Vou sozinho ou com alguém? (Cuidado, a mudança só depende de você, mas se tiver alguém para ir junto, vocês podem rezar juntos)

☐ Sozinho

☐ Com alguém (Combine local, horário, dias etc. Lembre-se você precisa de rotina e constância)

Prontinho, agora é só começar. Tente manter sua rotina por 3 semanas. Comprometa-se, divida essa lista com seus amigos, sua família, poste nas redes sociais. Existem pesquisas que, quando nos comprometemos publicamente, a chance de alcançar nossa meta é maior. Nos dias ensolarados, vá, nos dias nublados, vá também. E nos dias que a preguiça bater? Vá mesmo assim. Não pense, apenas se levante e vá. Lembre-se que também é o seu momento de oração. E lhe contando um segredo científico: Nosso corpo libera algumas substâncias somente quando praticamos atividade física, que melhoram nosso humor, nossa disposição e oxigena nosso cérebro. Tem dúvidas de que nossa oração ficará melhor?

Hora de registrar tudo. Como foi? Conseguiu seguir firme? Teve algum dia que não deu certo? Por quê? Como você se sentiu quando não cumpriu? Você percebeu alguma mudança?

3

SENTIR-SE AMADO POR DEUS QUE É PAI

Frei Rogério Soares

Você é fruto da criação amorosa de Deus. Imagina que antes do mundo existir não havia nada. Do nada, Deus cria o universo, o mundo, as águas, as criaturas e o ser humano. Deus criou você!

Veja como você é amado(a) por Aquele que lhe criou. Há algo de muito sagrado na criação. Portanto, há algo de muito sagrado em você. Se Deus criou tudo e criou você, é na relação com Ele que nos tornamos a nossa própria essência, ser filho de Deus, imagem e semelhança.

Quando nos afastamos da relação com Deus, automaticamente nos mundanizamos exageradamente. Não quero dizer com isso que o mundo é mau por natureza, não! Mas o mundo não é Deus. É Deus que nutre a nossa alma, vitalmente, é Aquele que nos criou, que nos alimenta espiritualmente.

Somos alimentados, evidentemente, no corpo pelo que o mundo produz. Contudo, é um alimento perecível, finito, que é necessário, mas voltamos a ter fome. Somos corpo e alma e estamos em busca de alimento material e espiritual. Sinto que quando enfraquecemos nossa relação com Deus, corremos o sério risco de compensarmos a falta do alimento espiritual com alimento material.

O que explica a gula? Por que nos vem a tentação de comer sempre mais e, mesmo sem fome, continuamos comendo? Não seria um vazio de Deus? Uma ausência de relação com o único que pode satisfazer a alma? Aquele capaz de lhe deixar pleno!

É possível que toda vontade de comer comida, aponte, antes de tudo, para uma vontade de Deus. É isso! Quando sentir fome, lembre-se que também sua alma tem fome de eternidade. Veja o que o salmista diz no Salmo 63(62): "Minha alma tem sede de ti, minha carne te deseja com ardor, como terra seca, esgotada, sem água".

Deus é Pai, amoroso e misericordioso. Quando habitamos a paternidade de Deus, temos tudo! Se temos tudo, não vamos nos aproximar da comida com voracidade e nos sentiremos satisfeitos com o suficiente, pois nossa alma está alimentada.

Lição 3

APRENDENDO A MEDITAR

Ao passo que você vai praticando a meditação, pouco a pouco, você também vai sentindo uma maior abertura a Deus. É lento, mas gradual. Você vai descortinando o eu, seu íntimo, acessando seu interior mais profundo e é aí que Deus habita. Adoro Deus em espírito e em verdade quando O encontro dentro de mim mesmo.

Atenção: não busque experiências extraordinárias enquanto se medita, tudo é mais simples, devemos unicamente repetir o mantra. Deus faz o resto.

DICAS DE ALIMENTAÇÃO. SIGA SUA TRILHA!

Sabrina Costa

Você está pronto? Vamos caminhar?

"O que beber da água que eu lhe der jamais terá sede" (Jo 4,14)

Você sabia que seu corpo é composto por mais de 70% de água? Sem esse líquido preciosíssimo para nossa saúde, os órgãos não conseguem trabalhar na potencialidade que possuem, as células e tecidos não são capazes de se regenerar com eficiência e toda a funcionalidade do sistema digestório fica comprometida.

Você sabia que o nosso cérebro confunde a sensação de sede com a de fome? Isso porque o hipotálamo, a região do cérebro que regula a produção dos hormônios e muitas percepções, avisa ao corpo quando estamos desidratados ou necessitados de nutrientes. Ele é o responsável por esses dois tipos de alertas, que são bem parecidos, localizados na mesma região cerebral.

Sendo assim, há momentos em que achamos que estamos com fome, mas na realidade sentimos sede. E é a força dos nossos hábitos que decide se vamos comer ou beber água. Lembre-se que sua necessidade de água é muito maior do que sua necessidade por alimentos.

Se busca cuidar bem da sua casa e está disposto a trilhar um novo caminho, comece pela inserção da água em sua vida. Precisamos de, aproximadamente, 35 ml de água por quilo corporal. Por exemplo, se você estivesse em seu peso saudável de 70 kg, deveria consumir 2,5 litros de água por dia.

Prontinho, já temos a primeira meta na construção de novos hábitos: Beber 2,5 litros de água por dia!

Como vamos conseguir isso? Caminhando um passo por vez, uma conquista por dia, com dedicação e estratégias. Vou lhe ajudar! Se liga nas dicas:

👣 Qual seu peso atual? _____

👣 Qual seu peso desejável? _____

👣 Calcule a quantidade de água que seu corpo precisa diariamente. Faça a conta com seu peso desejável. 0,035 x _____ kg (seu peso desejável) = _____ litros

👣 Escolha uma garrafa, de preferência de inox ou

vidro, pois estas não lhe entregarão os contaminantes do plástico BPA. Caso não tenha à sua disposição, pegue qualquer uma, o importante aqui é que você beba a água que o seu corpo precisa.

🍂 Meça a quantidade de água que cabe na garrafa que você escolheu. Quantas garrafinhas desta você deverá consumir no dia para cumprir sua meta? _____ garrafas.

🍂 Carregue-a perto de você por onde for, use o despertador do celular para lhe lembrar de beber água.

🍂 Consuma a maior quantidade de água pela manhã. Devido ao jejum noturno, seu corpo usou muita água para fazer toda reparação das células e para entregar todos os nutrientes aos seus órgãos enquanto você dormia.

O que você observou no primeiro dia de consumo adequado de água? Quais foram suas dificuldades? Quanto você está conseguindo beber por dia? Registre aqui.

AGORA É HORA DE MOVER O ESQUELETO!

Diego Ciarrocchi

Cheguei! Eu por aqui de novo para lhe tirar da zona de conforto!

Quando o coração tem uma missão, o corpo ganha vigor.

Qual é a sua missão? Eu sei, é uma pergunta difícil, então vou lhe ajudar: Qual a sua meta quando acabar de ler este livro? Pare por alguns minutos e reflita. É acordar um pouco mais cedo? É perder uns quilinhos? É diminuir seu colesterol? É conseguir continuar na nova rotina? A meta é SUA, para que VOCÊ a conquiste.

Então, use o espaço abaixo para registrar. Dica: Comece pequeno, sem metas muito ousadas, deixe-as para serem conquistadas depois. O caminho se faz caminhando, degrau por degrau.

MINHA META AO FINAL DESTE LIVRO É:

E como anda a rotina de 3 semanas? Seguindo?
Registre aqui como se sentiu:

4

A DESINTEGRAÇÃO DO SER

Frei Rogério Soares

Nascemos para viver na unidade. Aquele que nos criou é Uno. "... a fim de que todos sejam um. Como tu, Pai, estás em mim e eu em ti." (Jo 17, 21). A unidade é integradora. Todo caminho espiritual deve nos levar à experiência de sermos um com Deus.

O mundo moderno ou pós-moderno, como preferir, somado à velocidade que a internet trouxe às nossas vidas, as inúmeras opções e distrações, as redes sociais, tudo vem nos causando a desintegração do ser, a fragmentação da alma.

Estamos nos esfacelando humanamente, temos uma geração de seres desintegrados, despedaçados, fora do eixo. Só uma vida espiritual disciplinada pode nos redirecionar à Unidade.

A título de exemplo, faço memória aqui de como

meus avós viviam na roça, experiência que eu vivi em minhas férias. Eles tinham uma vida bem integrada. O ritmo de suas vidas era pautado pelo ritmo da natureza. Quando o sol saía, acordavam; quando o sol se punha, dormiam; quando o sol estava no meio do céu, almoçavam. Meu avô materno, tinha no quintal um relógio de sol, uma tábua em forma de meia lua e um prego no centro. A lua também tinha grande incidência na vida, nas plantações, na pesca. A natureza e seu ritmo pautavam a vida.

A forma de vida de meus avós já era uma oração, pois a plena sintonia com a natureza, a vivência dos ciclos de chuvas e secas, os colocava em harmonia com o cosmos, consigo mesmos e com Deus. Será que era por isso que eles eram magros? Tanto meus avós paternos como os maternos eram esbeltos. Eu não saberia dizer se tem uma conexão direta, só sei que a relação deles com a comida era de total equilíbrio.

O fato de comermos muito, de sermos gulosos, não seria uma busca por completar algo que nos falta? Não seria um anseio por completude, totalidade? Não estaríamos nós desintegrados, longe de nosso eixo, e por isso uma falta de sintonia com nós mesmos? Creio que, pelo fato de não sabermos que nossa fome primordial é de Deus, possivelmente buscamos na comida uma solução. Nossa fome primeira é de Deus. Saciemo-la!

APRENDENDO A MEDITAR

Lição 4

Toda boa espiritualidade deve nos levar à unidade. Encontrei na meditação a melhor maneira de alcançar a unificação do ser. Como repetimos uma única palavra, essa palavra vai me direcionando a um único ponto, vou silenciando os barulhos dentro de mim, purificando minha mente de tanta poluição. Dessa forma, vai restando Deus em mim, a própria Unidade. Passo ser um com o Uno. Para alcançar tal graça, preciso ser disciplinado na meditação, ter meus horários e, de preferência, ter meu lugar para meditar. Claro que se pode meditar em qualquer lugar.

DICAS DE ALIMENTAÇÃO. SIGA SUA TRILHA!

Sabrina Costa

Seu alimento: seu remédio ou seu veneno?

"O Senhor Deus fez brotar da terra toda a sorte de árvores, de aspecto agradável, e de frutos bons para comer."
(Gn 2, 9a)

O alimento, para o homem, foi desde sempre planejado por Deus, para que ele pudesse extrair da natureza e dos animais, o sustento para sua vida. Nesta alimentação continha tudo que o ele precisava para viver de forma saudável e mais que isso, ter uma saúde que prosperasse e combatesse quaisquer tipos de infecções naturais.

Acontece que a alimentação moderna, essa que encontramos com abundância nos supermercados, padarias e restaurantes, é completamente diferente das necessidades humanas de subsistência. O advento da indústria alimentícia e a revolução industrial trouxe para nossa cultura alimentar, alimentos que destroem nossa saúde e contribuem para o desenvolvimento das chamadas doenças crônicas.

A Organização Mundial da Saúde (OMS) define as patologias crônicas como sendo doenças de lento desenvolvimento e longa duração, podendo acompanhar a pessoa durante a vida. Sendo elas:

- Asmas, Bronquites, Rinites e Sinusites
- Doenças Cardiovasculares (hipertensão, insuficiência cardíaca, AVC, alterações no Colesterol e Triglicérides)
- Diabetes
- Câncer (mais de 100 tipos de cânceres definidos como doenças crônicas)
- Doenças Renais
- Doenças Neuropsiquiátricas (depressão, distúrbios relacionados ao abuso de álcool e outras drogas)
- Doenças de Parkinson e Alzheimer

- Obesidades, entre outras...

Em 2019, o jornal "The Lancet", publicou um estudo mundial apontando para a alimentação e o estilo de vida moderno, como sendo a causa de **11 milhões** de mortes, em 2017. Sendo que apenas de diabetes, morreram 1.650.000 pessoas.[1]

Na pandemia da Covid-19, nos anos de 2020 e 2021, tivemos em torno de 14,9 milhões de mortes, ocasionadas pela própria doença ou por consequências metabólicas que ela trouxe a saúde humana.[2]

Quando me deparei com esses dados, foi como se em meu coração brotasse uma pequena chama de esperança. Entender que nossas escolhas alimentares e nossos hábitos de vida, eram ainda **MAIS** destrutivos que uma terrível pandemia, *colocou de volta em nossas mãos a responsabilidade de preservar a vida, o nosso maior sagrado.*

No homem, Deus se fez carne, e deu a ele o poder das escolhas. Na espécie humana o céu toca a terra, isso é para nós o grande motivo que nos guiará nesta jornada. O novo caminho começa a nascer e seu coração vibra na busca do resgate de sua saúde, a favor da **SUA** vida.

Se você chegou comigo até aqui 👣, sei que já iniciou esse caminho e hoje vamos nos apropriar da alimentação que Deus pensou para nós, "a comida de verdade". Aquela comida que estraga, porque não tem

---

1 (Lancet 2019, 393, 1958-72) – Acesse: https://www.thelancet.com/action/showPdf?pii=S0140-6736%2819%2930041-8

2 Acesse: https://www.paho.org/pt/noticias/5-5-2022-excesso-mortalidade-associado-pandemia-covid-19-foi-149-milhoes-em-2020-e-2021

conservantes, nem aditivos alimentares, que temos que comprar na feira, que veio da terra e que não foi mexida, nem processada. A comida de verdade não precisamos desembrulhar e sim descascar. Comida de verdade, comida para raça humana, traz vida, traz saúde e é remédio.

"Que seu alimento seja seu remédio, e que seu remédio seja seu alimento." (Hipócrates)

AGORA É HORA DE MOVER O ESQUELETO!

Diego Ciarrocchi

Vamos montar um calendário? Lembra do nosso acordo de tentar manter uma rotina? Quero que você marque suas pequenas conquistas no calendário abaixo. Pinte os dias em que conseguiu fazer uma atividade física e desenhe uma carinha de como você estava naquele dia:

| :) Feliz | :\| OK | :(Triste |

"...corramos com paciência a carreira que nos está proposta." (Hb 12,1)

	Seg.	Ter.	Qua.	Qui.	Sex.	Sáb.	Dom.
sem.1							
sem2							
sem.3							
sem.4							

Como foi o exercício? Como se sentiu ao olhar para o seu calendário?

5

VIVA O PRESENTE!

Frei Rogério Soares

Você tem consciência diária que habita seu corpo? A pergunta parece óbvia, mas podemos passar dias sem a devida percepção de que habitamos um corpo no presente. As pessoas super ansiosas estão lá no futuro e as pessoas saudosistas estão lá no passado. Outras estão em todos os lugares, menos em si mesmas. Têm aquelas também com uma viagem programada para o ano que vem e não param de pensar nos detalhes e de como vai ser. Têm os que sofreram uma decepção ou trauma na adolescência e constantemente voltam a esse passado, e ali estão.

O certo é que muitas coisas nos tiram do presente, do agora. E se eu lhe disser que só existe o tempo presente? Pois bem, nem passado nem futuro existem. Deus habita o presente, se quero estar em Deus, devo colocar os pés da alma no momento que estou.

Agora você me pergunta: o que fazer para viver o presente? A resposta é rápida e direta: alimente sua espiritualidade com uma prática de oração disciplinada. Aqui, sugiro a meditação cristã, que ao final de cada capítulo estou dando dicas. Aconselho também a oração do terço, já conhecida de todos, que pela repetição nos leva à comunhão com Deus.

A falta de espiritualidade bem vivida e comprometida, nos afasta de nós mesmos, nos distancia de Deus, e consequentemente, do presente. Ficamos anestesiados. Não nos damos conta do sol que nasce, da brisa que acaricia nosso rosto, do verde vicejante das árvores, dos pássaros que cantam, do sorriso das crianças e das palavras sábias dos mais velhos.

Dessa forma, como ficamos longe de nós mesmos, como se tivéssemos tomado uma anestesia, não sentindo nosso próprio corpo, nosso próprio ser, corremos o risco de nos enchermos de comida e não nos darmos conta. Se não habitamos o presente nem o nosso corpo, não distinguimos se estamos com fome de fato ou simplesmente com vontade de comer. Não percebemos se estamos satisfeitos ou não. Resultado: comemos além da conta.

Por outro lado, quando estamos em comunhão com Deus, por meio de uma disciplina na oração, percebemos que comer muito nos agride, nos damos conta que encher-se de comida é uma agressão ao corpo e à alma. O que fazer? Devemos habitar o coração de Deus. Para habitarmos Deus é necessário, antes de tudo, habitarmos nós mesmos.

Seguem algumas dicas de como viver plenamente o presente. A primeira coisa já foi dita antes, meditar, meditar e meditar. Pode ser a meditação cristã ou a meditação do santo terço. Sugiro também, que quando entrar no banho, o faça de forma consciente. Sinta a água, experimente o frescor, perceba que está usando o sabonete. Falo isso pois, às vezes, usamos o shampoo duas vezes, ficando na dúvida se já usamos ou não. Esteja ali, na hora do banho. Faça isso com outras atividades que geralmente você faz no automático, como escovar os dentes, dirigir, lavar a louça etc.

Ao sair de casa, faça como as crianças: observe as nuvens, os formatos e desenhos. Observe as árvores e os frutos, ouça e se deleite no canto dos pássaros. Quando estiver conversando com alguém, esteja inteiro no momento, com atenção plena no que o outro diz. Em várias vezes no dia, pare um pouco e se concentre na respiração, tome consciência que você respira. E o mais importante: esteja 100% presente nas refeições, saboreie bem, sinta todos os sabores, concentre-se na comida, não coma no automático, mastigue bem, sem pressa. Coma lentamente. Enfim, viva o presente!

APRENDENDO A MEDITAR

Lição 5

Um dos grandes ganhos da meditação, a meu ver, é nos conduzir ao presente. Creio que toda boa oração que se preze deve colocar nossos pés no agora. As imagens, os pensamentos, as imaginações que vêm à nossa mente são sempre de coisas passadas ou que estão por acontecer. Isso dificulta meu habitar o momento presente. Estou em todos os lugares, menos em mim mesmo e no agora. Quando sigo fiel na minha meditação, a repetição do mantra, vou me afastando das ideias, das preocupações, das distrações, e vou vivendo o presente. Digo para você: não tem experiência mais maravilhosa do que simplesmente estar no presente, nem no passado nem no futuro, mas no Agora de Deus, como diz Papa Francisco. O que Deus tem para você está no hoje.

DICAS DE ALIMENTAÇÃO. SIGA SUA TRILHA!

Sabrina Costa

"Ponde-vos nos caminhos, e vede, e perguntai pelas veredas antigas, qual é o bom caminho, e andai por ele; e achareis descanso para as vossas almas." (Jr 6,16a)

Vamos caminhar na direção da construção de novos hábitos alimentares. O objetivo é a busca da sua saúde, da reforma da sua casa e para isso precisamos mergulhar nas águas mais profundas do *iceberg* de nossa vida.

Vamos registrar! Observe 24 horas de um dia comum. Anote em duas listas todos os alimentos e bebidas que consumiu durante esse dia.

Lista 1: Aqui você vai relacionar os produtos alimentícios que fazem parte da sua alimentação, aqueles que NÃO são comidas de verdade. Anote tudo: os lanches, o que você belisca, o que você bebe e adoça com açúcar ou com adoçante. Tudo que não é natural, tudo que não vem da natureza e sim da indústria. Não se esqueça de nada.

Produtos alimentícios são todos os alimentos que foram processados ou enriquecidos de aditivos químicos e alimentares. Produtos processados pela indústria sem a preocupação de nutrir o homem e sim torná-lo dependente a baixo custo (biscoitos, pães, bolachas, quaisquer doces, chocolates açucarados, sucos industrializados, açúcar em geral, produtos feitos com farinha de trigo, gordura hidrogenada, refrigerantes, requeijões, enlatados, embutidos, iogurtes, entre outros).

CAFÉ DA MANHÃ:
_____
_____

LANCHES E "BELISCOS":
_____
_____

ALMOÇO:
_____
_____

JANTAR:
_____
_____

Lista 2: Anote aqui os alimentos que você consome em um dia, que são verdadeiros remédios para sua saúde.

Coloque aqui todo o tipo de chás, café, sucos de frutas (sem adoçar), ovos, queijos curados, carnes, peixes, todos os tipos de frutas, verduras, legumes, sementes, castanhas, grãos, leguminosas, entre outros. Todos os tipos de alimentos que a natureza lhe entrega e Deus, em Sua infinita sabedoria, agrega em cada um deles uma função, um valor nutricional que reconstrói sua saúde e sua vida.

CAFÉ DA MANHÃ:
_____

_____

LANCHES E "BELISCOS":
_____

_____

ALMOÇO:
_____

_____

JANTAR:
_____

_____

AGORA É HORA DE MOVER O ESQUELETO!

Diego Ciarrocchi

Vamos exercitar o momento presente também na atividade física? Eu quero que nas suas próximas caminhadas (ou na atividade que você escolheu), que você observe o ritmo da sua respiração. Ouça e sinta seu corpo. Somente isso, esteja inteiro ali, na atividade física. Desta vez não faça conversando, ouvindo música e nem mesmo rezando. Apenas observe o ritmo da sua respiração e escute seu corpo. Tente durante os 20 minutos de exercício esquecer os problemas, lembre-se do preço exorbitante que a sua saúde pode pagar pelas preocupações.

Dicas:

- Faça respirações profundas, tente deixar o ar novo entrar e o ar antigo dos pulmões sair;
- Não force a respiração, mantenha ela o mais natural que conseguir, mas com consciência da respiração;
- Alguma região do seu corpo é mais solicitada? Que músculos são exigidos?
- Como estava minha respiração antes do exercício? E depois?

Hora de registrar. Marque na escala abaixo, identificando o que mais se aproxima dos seus resultados.

Após o exercício, minha respiração estava:

|🚥🚥🚥🚥🚥🚥🚥|

    Pior   Igual   Melhor

Eu sinto mais:

|🚥🚥🚥🚥🚥🚥🚥|

Cansaço muscular   Cansaço respiratório

Após a atividade, eu me sinto:

|🚥🚥🚥🚥🚥🚥🚥|

Pior do que comecei   Melhor do que comecei

6

O EXAGERO SERVE PARA QUÊ?

Frei Rogério Soares

Todo exagero é maléfico. Quando exageramos na comida cometemos o pecado da gula, que é um dos sete pecados capitais, alguns chegam a chamá-lo de "a mãe de todos os pecados". Se não temos autocontrole, domínio de si diante da comida, podemos facilmente ser desregrados em outras dimensões da vida. Por outro lado, se alcançamos autodomínio à mesa, certamente seremos sóbrios e moderados no nosso dia a dia.

Veja o que dizia Santo Ambrósio, mais de mil anos atrás: "Aquele que submete o seu próprio corpo e governa sua alma, sem se deixar submergir pelas paixões é seu próprio senhor, pode ser chamado de rei porque é capaz de reger a sua própria pessoa". O que está acontecendo hoje? Estamos deixando de ser senhores de nós mesmos, somos impulsivos, a qualquer pequena tentação, já caímos. Somos presas fáceis da tirania da carne.

Alguém pode perguntar: o que tem demais nisso? Poderia não ter nenhum problema se não nos tornássemos escravos. Paga-se um preço alto quando somos escravos de maus hábitos. Tão alto, que no caso da comida, somos levados à obesidade, às doenças, aos vícios, à perda da paz interior. Se você não é senhor de si, alguém ou alguma coisa o será, inclusive a comida. Segundo Mahatma Gandhi, "...A verdadeira felicidade é impossível sem a verdadeira saúde, e a verdadeira saúde é impossível sem o rigoroso controle da gula. Todos os demais sentidos estarão, automaticamente, sujeitos ao controle quando a gula estiver sob controle". A superação da gula é um princípio em todas as grandes tradições religiosas.

A nossa Bíblia é cheia de passagens que nos exortam em relação ao perigo da gula. "Não estejas entre os beberrões de vinho, nem entre os que são gulosos de carne, porque o bêbado e o guloso empobrecerão e a sonolência os vestirá de farrapos." (Pr 23, 20-21). Esse versículo de Provérbios é de arrepiar. Na Carta aos Filipenses, São Paulo parece complementar Provérbios: "O fim deles será a perdição, seu deus é o ventre, sua glória está no que é vergonhoso, porque só apreciam as coisas da terra." (Fl 3,19). O Apóstolo Paulo nos deixa atônitos com essa palavra, mas ele, em Gálatas, nos aponta um caminho, o do Espírito: "Ora, eu vos digo: caminhai segundo o Espírito e não satisfazeis os desejos da carne (...), o fruto do Espírito é o amor, alegria, paz, paciência, delicadeza, bondade, fidelidade, mansidão, domínio de si." (Gl 5, 16. 22-23)

É totalmente possível trilhar, na simplicidade, um caminho espiritual capaz de nos levar à comunhão com Deus, consequentemente, ao domínio de si e, por fim, a uma vida saudável. Vida sana em todos os sentidos, precisamos estar sadios emocionalmente, espiritualmente e fisicamente. Estamos em busca de paz e, para isso, precisamos estar integrados, num horizonte de unidade.

APRENDENDO A MEDITAR

Lição 6

A meditação pouco a pouco nos leva à pobreza de espírito. A perseverança na oração vai nos revelando a verdade sobre nós, o quanto somos simples. Criamos muitas necessidades, o mundo nos enche de coisas, são muitas metas. Passamos a ser exagerados nas escolhas, temos muitos afazeres e tudo parece muito difícil. Na meditação constante chega o dia de entendermos que tudo é mais simples e singelo. Compreendemos que não precisamos de tanto para viver e que só levaremos conosco os tesouros interiores. É quando entendemos aquela passagem em que Jesus fala a Marta: "Marta, Marta, tu te inquietas e te agitas por muitas coisas; no entanto, pouca coisa é necessária, até mesmo uma só. Maria, com efeito, escolheu a melhor parte, que não lhe será tirada" (Lc 10, 41-42). Meditar é estar com Jesus, é nos despojar do supérfluo, dos despir dos exageros e viver com o essencial.

DICAS DE ALIMENTAÇÃO. SIGA SUA TRILHA!

Sabrina Costa

Desafios do Caminho...

Você observou em sua rotina alimentar uma grande quantidade de produtos alimentares, processados e açucarados? A lista de ingredientes de produtos produzidos pela indústria é composta, na maior parte, de açúcares, farinha de trigo, gordura trans, conservantes e aditivos químicos (observe no verso da embalagem a lista de ingredientes).

Seu sistema gastrointestinal é responsável pelo processamento do alimento que você ingere e também pela absorção dos nutrientes que precisa. Acontece que o estômago e o intestino humano não estão aptos a processar alimentos que não foram destinados à sua alimentação, com isso, ao entrar em contato com esse tipo de alimentação, se inflamam e causam a chamada inflamação crônica.

Um corpo inflamado pelo açúcar, pelo glúten, pelo álcool, pelos abusos dos derivados do leite e pelo excesso de carboidratos refinados (os farináceos), aciona o gatilho das doenças crônicas e autoimunes.

A técnica de extração do açúcar teve origem na Índia, no século V. Era considerado uma iguaria de sabor inigualável, colocado em açucareiros de ouro e usado apenas em ocasiões especiais. Nenhuma fruta da natureza, nenhuma comida de verdade, oferece para o homem tal sabor, e não oferecem as reações inflamatórias e viciantes que o açúcar causa.

O açúcar traz prejuízos severos ao cérebro (receptores dopaminérgicos), desencadeando no homem reações de dependências e de inflamação. Sabe-se que dietas cheias de alimentos processados e ricos em açúcares podem aumentar o risco de depressão e transtornos de ansiedade em 58%.

De acordo com as estatísticas, 40% do açúcar consumido diariamente por uma pessoa, é ingerido de forma líquida. Através de bebidas açucaradas, como refrigerantes, sucos, achocolatados, iogurtes, cafés, chás, entre outros.

O primeiro grande passo na direção de uma vida saudável e em direção do emagrecimento é a redução ao máximo do açúcar em sua alimentação. Vamos dar esse passo juntos? Eu lhe ajudo, e o milagre estará no caminho.

Vamos caminhar esta semana na direção de não consumirmos açúcar em sua forma líquida, ou seja, NÃO BEBA AÇÚCAR, você topa? Vamos fazer esse exercício em 3 etapas. E, ao final, você poderá dizer de forma leve e vitoriosa: estou livre da dependência do açúcar líquido. Eu não bebo mais açúcar.

Etapa 1: Elimine as bebidas açucaradas até às 12h. Você passará pelo café da manhã sem ingerir açúcar na forma líquida. O desafio aqui é o cafezinho sem açúcar, chás sem açúcar, os achocolatados têm altas concentrações de açúcares, então vamos nos abster deles também. Sucos de frutas, mesmo natural, concentram altas quantidades de frutose, que também é açúcar. Neste momento, resguardamos nosso café da manhã do açúcar líquido.

Relate como se sentiu e quais desafios encontrou.

Data de início do desafio - etapa 1: __/__/__

Data que conseguiu concluir o desafio - etapa 1: __/__/__

_____
_____
_____
_____

Etapa 2: Quando se sentir confortável, elimine também as bebidas doces do período da tarde, até às 18h. Vale para os cafezinhos adoçados, novamente os sucos de frutas e shakes adoçados com algum tipo de açúcar.

Relate como se sentiu e quais desafios encontrou.

Data de início do desafio - etapa 2: __/__/__

Data que conseguiu concluir o desafio - etapa 2: __/__/__

_____
_____
_____
_____
_____

Etapa 3: Inclua esse desafio para o período da noite, até completar 24h, sem beber açúcar. Não se esqueça dos refrigerantes, drinks, energéticos, sucos e chás. Relate como se sentiu e quais desafios encontrou.

Data de início do desafio - etapa 3: __/__/__

Data que conseguiu concluir o desafio - etapa 3: __/__/__

_____
_____
_____
_____
_____

AGORA É HORA DE MOVER O ESQUELETO!

Diego Ciarrocchi

Hora de mudar! Sim, isso mesmo, nosso corpo é tão perfeito que se adapta e se acostuma com os novos hábitos. Então, para continuar evoluindo é preciso gerar desconforto. Neste capítulo eu lhe proponho a mudança. Pode ser simples, pequena. Lembre-se que se sou fiel no pouco Ele me confiará mais! Então mude! Mas como? Nos próximos dias quero que você se desafie: Pode ser aumentando 10 minutos de exercício, pode ser mudando o tipo de atividade, ou até mesmo mudando o trajeto que você sempre faz. Mas lembre-se: não busque fazer o melhor tempo, busque fazer o seu melhor!

"E se qualquer um te obrigar a caminhar uma milha, vai com ele duas" (Mt 5,41)

E, desta vez, nosso registro vai ser diferente. Quero que você desenhe sua melhor versão. Isso mesmo, lápis na mão e solte o artista que existe em você. Como você se vê na sua melhor versão?

7

ALIMENTADO ESPIRITUALMENTE

Frei Rogério Soares

Ao escrever esta página estou num retiro de silêncio, para padres. Estou tendo a oportunidade de aplicar a mim o que venho escrevendo. Sou solidário a todos, que como eu, têm dificuldade em se conter diante de comidas saborosas e doces deliciosos. Dá água na boca só em pensar.

Hoje de manhã passei uma provação. Ontem tivemos um dia inteiro de orações e amanheci espiritualmente alimentado. Antes do café da manhã, tivemos a oração das laudes e a Santa Missa. Logo depois, todos em silêncio, fomos para o refeitório. Não sentia vontade de comer com voracidade, apenas tinha a fome dada pela natureza. Comi uma fatia de pão integral e um ovo cozido, com suco de maracujá, sem açúcar. Estava supersatisfeito. Quando, de repente, colocaram, na mesa, uma suculenta torta de maçã e outras frutas, algo dos deuses, que eu só via em novela. Nessa hora, veio uma vontade de comer. Como eu disse, já estava satisfeito, mas a tentação foi grande. Respirei fundo e disse para mim mesmo, se eu comer, exagerarei. Graças à minha forte espiritualidade desses dias de retiro, consegui superar. A sensação que o autodomínio nos dá é extraordinária. Um espírito de vitória, de liberdade, de paz interior.

Realmente, estar em dia com nossas orações, estar alimentado espiritualmente, nos dá todas as condições, para comermos só o necessário. O nosso primeiro alimento deve vir do Céu, nos encher do que Deus tem para nós. Dessa forma, teremos só a fome da natureza, daquilo que realmente precisamos para viver bem e com saúde. Você pode estar se perguntando: o que fazer para alcançar essa graça?

Antes de tudo, temos que nos alimentar da Palavra de Deus. Diz Jesus: "Não só de Pão vive o homem, mas de toda Palavra que sai da boca de Deus." (Mt 4,4). Ao acordar e sentar-se na cama, sugiro: reze o Pai-Nosso, uma oração que é Palavra de Deus, pois saiu da própria boca de Jesus. Em seguida, pode ser depois do café da manhã, ler a Bíblia ou a Liturgia Diária.

Quando você inicia o dia com oração, você já está dando um direcionamento para sua jornada. Muitas tentações se apresentarão, sobretudo, no tocante à comida. Porém, se estou espiritualmente fortalecido, alimentado de Deus, não há o que temer.

Outra dica que dou é participar da Santa Missa,

com regularidade aos domingos, e se for possível, Missa diária. A Celebração da Eucaristia é um banquete. Se você perceber, temos duas mesas no presbitério, uma mesa da Palavra, também chamada de Ambão, e a outra mesa da Eucaristia, chamada de Altar. Onde tem mesa tem alimento. Na primeira mesa, me alimento da Palavra de Deus, ao escutar com atenção a proclamação das leituras sagradas. Na segunda mesa, me alimento do próprio Cristo, que se oferece no pão e no vinho. Na Missa, minha alma se alimenta profundamente e se sacia. Se estou alimentado de Deus, comer exageradamente, seria um atentado ao meu estado de espírito.

APRENDENDO A MEDITAR

Lição 7

Ao passo que você repete a palavra *Maranathá*, não perca a conexão com sua respiração, assim você irá serenizar a alma. A respiração é a maior prova que estamos vivos. Respirar é viver. Na nossa vida corrida pouco percebemos que respiramos, pouco agradecemos o ar. Entrar na frequência de sua respiração é entrar no seu próprio ser, é estar mais consigo. O ar que respiramos deixa o cérebro oxigenado, as células alimentadas, a vida acontece quando respiramos. Os grandes mestres da meditação sempre falam da importância da cadência da respiração na meditação. Alguns chegam a dizer que bastaria nos concentrar na respiração e já estaríamos meditando. É importante dizer ainda que estudos mostram que eliminamos bem mais gorduras pela respiração do que pela urina, suor ou fezes. Respirar é tudo! E o mais extraordinário: a palavra espírito vem do latim *spirare*, que é respirar.

DICAS DE ALIMENTAÇÃO. SIGA SUA TRILHA!

Sabrina Costa

Flores do caminho...
As flores de amanhã nascem das sementes de hoje...
plante!

Construir novos hábitos de alimentação a partir de novas escolhas de vida é um caminho desafiador. Vencer os vícios, as "comidas afetivas" e buscar a nutrição do corpo de forma adequada a favor da nossa saúde, muitas vezes demanda de nós a reconstrução diária deste propósito.

Minha proposta para você é construir rituais em sua vida, costumes, hábitos que lhe direcionam para esse caminho. Coloque em seu dia a dia alimentos, objetos, leituras e amigos que lhe façam lembrar do caminho. Que você nunca se esqueça que alimentar-se é muito diferente de comer. Que o alimento foi um dia planejado por Deus para nós, para nossa saúde e longevidade.

Que essas trilhas lhe ajudem a incluir elementos que farão parte de sua rotina de forma definitiva, e essas práticas lhe auxiliem a perder peso e se manter, de forma constante, neste caminho. Que as escolhas e as mudanças inseridas em suas rotinas, sejam graduais, leves e constantes.

Se desejas flores em seu caminho, cultive seu jardim...

Vamos cultivar um "Ritual Matinal", plantando algumas flores em nosso caminho. Iniciamos pela ÁGUA, que hoje já deve fazer parte do seu dia. Depois, nos desafiamos a NÃO BEBER AÇÚCAR, no período da manhã, e agora vou lhe apresentar esse tesouro da natureza, o LIMÃO. Todas as vezes que me aprofundo no estudo dos benefícios fico impressionada com a sabedoria da natureza em nos entregar tamanha riqueza.

Um limão espremido com ou sem água, se conseguir, em jejum é ainda melhor. Consumindo esse remédio da natureza, você vai colher muitos benefícios a sua saúde, tais como:

❧ Entrega 500 mg de vitamina C (sua demanda diária é de 1 g);

❧ Recupera sua saúde através da reposição do sistema imunológico;

❧ Traz de volta a elasticidade e a jovialidade para sua pele;

❧ A hidratação é mais rápida devido à reposição de eletrólitos;

❧ Lhe protege de infecções – poderoso agente antibacteriano;

- Antioxidante – combate os radicais livres das células doentes;
- Suplementa minerais – cálcio, potássio, fósforo e magnésio;
- Quando tomado em jejum, desperta a bile que higieniza o trato intestinal.

Incorpore esse tesouro em sua vida nesta semana. Anote aqui seus progressos e seus desafios.

AGORA É HORA DE MOVER O ESQUELETO!

Diego Ciarrocchi

"Por minha culpa, minha tão grande culpa". Tá tudo bem! Tem dias que não dá mesmo. A gente procrastina, arruma outra coisa, assiste TV e quando vê o dia já foi. Acontece por aí também? Tem dias que não dá, mas não deixe um dia ruim estragar tudo. Se você não arruma tempo para sua saúde, terá que arrumar para sua doença. Então vamos lá, seu sofá não aguenta mais lhe ver, vai para a sua caminhada, se você esperar pela vontade, vai ficar no sofá!

Neste capítulo, você vai registrar o que lhe faz procrastinar. Pode ficar tranquilo, ninguém vai ler, então seja sincero com você. Somente dessa forma é que você consegue ser melhor a cada dia.

Onde eu falhei? O que eu priorizei no lugar da atividade física? Como usei o meu tempo? Minha sugestão é você fazer um recordatório de um dia inteiro, vai ficar fácil identificar onde e como foram gastas as horas:

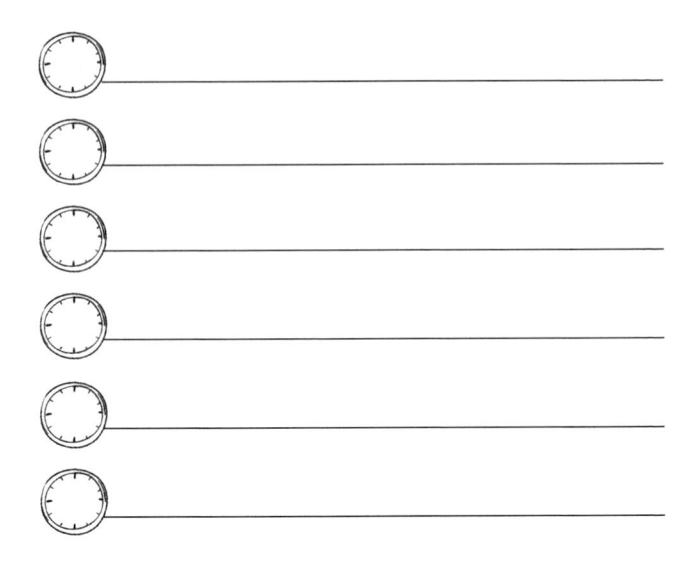

8

EMAGRECER. DIFÍCIL, MAS NÃO IMPOSSÍVEL!

Frei Rogério Soares

Estamos na metade de nosso itinerário espiritual para uma vida saudável e de autodomínio. Você deve estar se perguntando: será que vou conseguir? Já tentei de tudo! Bem-vindo ao time de quem já tentou muito e, muitas vezes, desanimou. O caminho do emagrecimento é árduo e requer muita disciplina. Como você já viu, nós não propomos nenhuma dieta, pois acreditamos que a questão não está na dieta, mas na dificuldade em segui-la. As dietas, no geral, são boas e oferecem bons resultados, nossa grande dificuldade é manter-nos na linha.

Como já foi explicitado, existem forças alheias à nossa vontade que nos levam a comer sem medida. A começar pela ansiedade dos tempos modernos. Se não se controla a ansiedade, nenhuma dieta vai funcionar. Controla-se a ansiedade com meditação, serenizando a alma, com exercícios físicos, autoconhecimento e em alguns casos, indo em um bom médico ou terapeuta. Outro fator que nos leva à comilança, são os alimentos afetivos, aqueles que conectam você a alguma pessoa amada ou a momentos felizes do passado. Estar diante desses alimentos é como reviver boas coisas, logo comê-los lhe faz bem. Tudo isso de forma muito inconsciente. Tem também a questão da ancestralidade, como dito no capítulo 1 deste livro. Pesquisando a página do Dr. Drauzio Varela, encontrei algo inusitado.

Nos tempos remotos, a raça humana precisou competir com outros predadores em busca de alimentos e tinha que lidar com a escassez de comida e a falta de conservar os alimentos, logo era necessário ingerir o máximo de comida e fazer reservas de gorduras, para dias que não tinha o que comer. Os milênios passaram e essa informação ficou registrada em nossa mente. Dessa forma, "Ao detectar a perda dessas reservas, o organismo reage ativamente para recuperá-las: faz cair dramaticamente a energia gasta no metabolismo basal e dispara estímulos inexoráveis para consumirmos a maior quantidade possível de calorias", conclui Dr. Drauzio[3]. Talvez isso explique porquê você vai pra cima da comida como se não houvesse amanhã.

Não podemos deixar de falar dos alimentos como compensação e respostas de prazer. Comer, além de nos dar sustância, nos enche de prazer. Ao comer algo que gostamos muito, o cérebro nos presenteia com uma descarga de dopamina e serotonina, sem igual, nos deixa

---

3 Acesse: https://drauziovarella.uol.com.br/obesidade/obesidade-inexoravel-artigo/

nas nuvens. No fundo no fundo, nós somos mais viciados nas substâncias do que nos alimentos. Você pode estar imaginando: mas então é igual ao mecanismo da droga. Bingo! É exatamente isso. Com uma diferença: nós nascemos para comer e não para usar droga. Eis porque é mais difícil fazer dieta do que deixar o crack. Temos grandes vilões entre os alimentos que mais nos estimulam ao prazer, como os doces e os carboidratos. Imagine a tentação que você sente diante de um pãozinho francês quentinho com manteiga derretida, é de enlouquecer. Ficar sem carboidrato, por exemplo, em alguma medida, pode lhe dar crise de abstinência.

Diante de tudo isso, podemos afirmar que emagrecer é tarefa complexa, difícil, mas não impossível. Continue acreditando em você, siga nossa trilha, volte à estaca zero, caso seja preciso, recomece, refaça o caminho. Oferecemos um caminho de autoconhecimento focado no autodomínio. Só a vida espiritual, organizada à base de disciplina, pode ordenar nossa existência aqui na terra, equilibrando emoções e serenizando a alma.

APRENDENDO A MEDITAR

Lição 8

Segundo Laurence Freeman, devemos meditar 20 minutos pela manhã e 20 minutos à noite. Esse é o ideal, sei que para muitos se faz difícil. Talvez você seja daquelas pessoas que vive numa casa com muita gente e tenha dificuldade de encontrar um canto só seu e silencioso para meditar. Dessa forma, busque estratégias, faça seu horário mais cedo, antes de todo mundo e medite quando todos estiverem dormindo, quem sabe busque uma Igreja perto de sua casa ou do trabalho para meditar. Caso não consiga meditar os 20 minutos, comece com menos e vai aumentando, o importante é meditar. Caso fique algum dia sem meditar ou dias, seja um teimoso, volte a meditar e não desista, se for preciso volte sempre.

DICAS DE ALIMENTAÇÃO. SIGA SUA TRILHA!

Sabrina Costa

Comida tem cheiro, tem cor, tem lembranças... Comida tem afeto, tem nome, tem casa... Comida tem colo, tem conforto, tem celebração... Comida tem amor, tem infância, tem mãe...

Permita-me adentrar em tua casa interior, permita-me que eu sente em tua sala e veja contigo teu álbum de fotografia mais antigo. Permita-me tomar um café e conversar sobre lembranças preciosas de tua infância. Permita-me lembrar contigo como tudo começou em sua história, no colo de sua mãe, na cozinha dela, na mesa posta, no fogão a lenha...

Neste lugar, buscamos a origem de como nos nutrimos, porque quem nutre é a mãe. Nossa primeira relação com a comida foi guiada pelo olhar dela, nossas primeiras sinapses de crenças e valores sobre alimentação são enraizadas na primeira infância. Na maioria das vezes, o desconhecimento, a escassez ou os costumes, também herdados pelos nossos pais, são passados adiante e, assim, nós aprendemos o que é "bom" e o que é "ruim" comer. Na mesa da cozinha, ou sentado no sofá com um prato na mão, nos formamos como pessoas, ali crescemos e descansamos.

O conteúdo do prato tem valor afetivo, na maioria das vezes não apresenta valor nutricional adequado, porque ali o objetivo é outro: é agradar, estreitar as relações e construir memórias afetivas. Os gostos são sinapses construídas com memórias, um caminho que ficou, uma trilha que já se tornou uma estrada de tantas vezes que passamos por lá.

Permita-me dividir algo sobre minha história. Em 2017, me despedi de minha mãe, que faleceu aos 63 anos acometida de um câncer de mama. Tivemos tempo para essa despedida, afinal, as doenças crônicas se estabelecem e nos arrastam por anos de sofrimentos, angústias e dores. Neste mesmo ano, recebi de presente uma vida, minha filha Maria. Ela nasceu 4 meses depois que minha mãe se foi. Na sabedoria de um Deus caprichoso, ela veio na hora certa, recheou meu coração do amor ausente, trouxe de volta a esperança e o amor pela vida. Devolveu a alegria para uma família sucateada pela perda de uma mãe.

No entanto, o caminho do luto de uma mãe estará ao seu lado ao longo de toda sua vida. Querer ter de volta o colo, as palavras, o aconchego e quem sabe até o cheir+o e o sabor da comida, será uma sinapse pela qual nós nunca vamos apagar e faremos questão de manter viva. Mergulhar nas memórias afetivas, trazer de volta a presença de quem já é ausente, buscar na mente as sinapses da infância e desse aconchego, é algo que nosso cérebro buscará todas as vezes que o desconsolo, desamor e a decepção nos alcançar. Trata-se das primeiras sinapses, aquelas que nos formaram e que nos abraçarão por toda a vida.

Acontece que a cultura alimentar de minhas origens é regada de pães, bolos, tortas, doces, refrigerantes, chocolates e massas. Mergulhar nesse tipo de comida afetiva, trouxe à minha saúde sinais de doenças crônicas já aos 40 anos. Sentir o cheiro do café coado todas as manhãs, me fazia mergulhar no pão com margarina e no pote de açúcar para adoçá-lo. Entrar na minha cozinha, sentar-me e descansar nesse alimento, me fazia voltar para a primeira hora do dia, na cozinha de minha mãe. Nesse lugar eu buscava estar, buscava sentar-me e descansar. E isso se estendia a todos os tipos de alimentos que consumia e "gostava" de consumir.

O cenário que encontrei aos 41 anos era preocupante. Um quadro de "pré-diabetes", três miomas uterinos e um ovário policístico com risco de torção, com diagnóstico cirúrgico e suspeita de malignidade, sem comentar o grau 1 de obesidade que já se estabelecia. Voltar para casa e encontrar 3 filhos, o mais jovem com 5 meses de vida e pensar no cenário genético de minha família, olhar para minha saúde e para minha alimentação, me fez entender. Entender que minha casa interior estava em ruínas, precisava urgente de reformas, o lar de minha alma precisava ser cuidado, senão meus filhos poderiam sentir a dor da perda de uma mãe, muito precocemente. Foi aí que aprendi tudo o que hoje ensino.

E o pão francês no café da manhã perdeu o lugar para um alimento sagrado, o ovo. Melhor alimento do mundo, depois do leite materno. O açúcar do café, virou o docinho ocasional, comemorativo de alguma festinha familiar e social. E todas as vezes que quero estar com minha mãe nesta sinapse do aconchego, eu ensino alguém que está acometido do mesmo mal que a levou da vida. Ensino que o alimento é remédio, traz saúde e cura para a vida humana.

Hoje tenho uma saúde ressignificada nos hábitos alimentares e de vida. Não necessitei de cirurgias, e nem uso nenhum medicamento humano, apenas me cerco daqueles remédios que o próprio Deus preparou para mim e para minha espécie. Trilho o caminho da saúde e busca da vida.

Escreva aqui qual alimento, ou produto alimentício, é sua "comida afetiva". Peço que você se pergunte se esse alimento destrói ou constrói sua saúde. E, a partir desta resposta, tome a decisão de fazer algo diferente por você e por sua saúde.

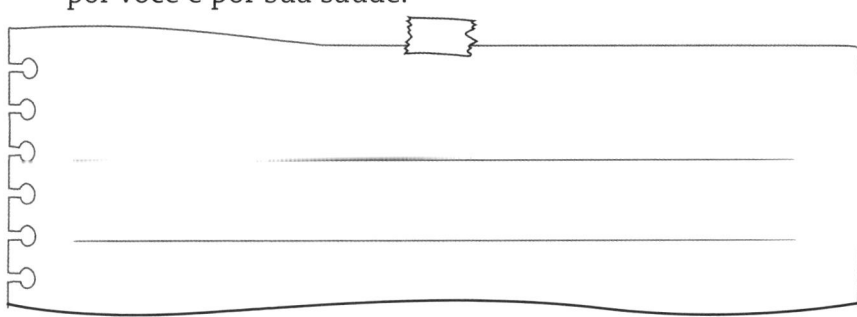

AGORA É HORA DE MOVER O ESQUELETO CALMA!

Diego Ciarrocchi

Chegamos na metade do caminho e mudamos até o título da nossa seção neste capítulo. Tudo isso para lhe pedir: VÁ COM CALMA. A gente está falando sobre afeto neste capítulo, então, vou lhe contar que descanso também é treino. Sim! O sagrado descanso. Como você está cuidando dele? Você sabia que o Brasil é o segundo país com maiores casos de ansiedade diagnosticada e um dos maiores em casos de *Burnout* no mundo? A correria do dia a dia nos acelera, as urgências da vida pedem pressa mas, apesar disso, seja afetivo com você, respeite seus limites físicos e mentais. E para entender nossos limites, a gente precisa se conhecer, conhecer nosso corpo e ler os sinais que ele nos dá, aliás, o corpo não só fala, ele grita, a gente que insiste em ignorar.

Então, neste capítulo, lhe convido a desacelerar, a buscar o sagrado descanso, que é bem diferente de ficar jogado no sofá se afundando num pote de sorvete e assistindo sua série preferida. Convido você a experimentar o ritual que sempre me ajuda a descansar. O Raio X do corpo.

Meu Sagrado Descanso:

1. Sente-se confortavelmente por alguns minutos, feche os olhos, faça algumas respirações profundas;
2. Observe seu corpo. Consegue identificar algum

ponto de tensão?

3. Vá se apalpando, fazendo uma automassagem até tentar encontrar algum nódulo, ponto de dor ou incômodo;

4. Quando achar, massageie o local levemente, seja afetivo consigo mesmo;

5. Mantenha sua mão sobre o local, faça algumas respirações e focalize toda a sua concentração e energia para aquela parte do seu corpo;

6. Lentamente, faça mais algumas respirações e abra os olhos;

7. Faça um breve alongamento, aquele que o seu corpo pedir.

Pronto! Um exercício muito simples, que fará você olhar para seu corpo, ser amoroso com ele, respeitando os limites e dando uma pausa na loucura do dia. E, para terminar, vamos responder algumas perguntas?

Como é o seu momento de sagrado descanso?

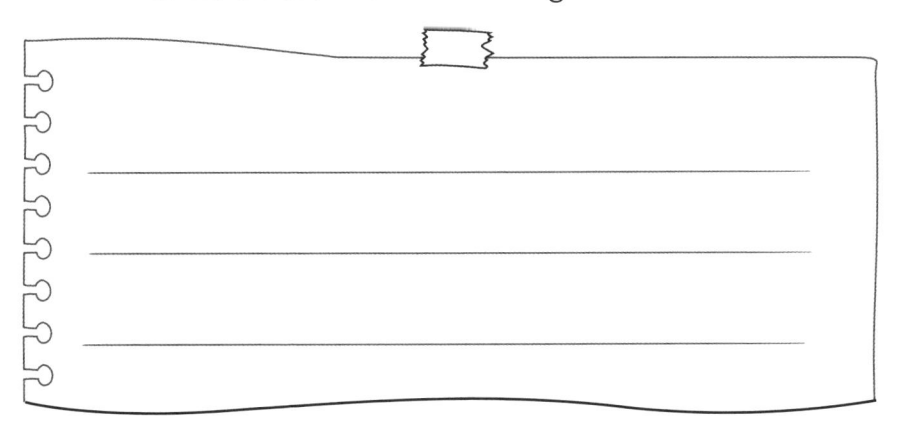

Você conhece os limites do seu corpo? Você tem ouvido os sinais que ele lhe dá?

Onde você consegue colocar pequenos momentos diários de sagrado descanso no seu dia?

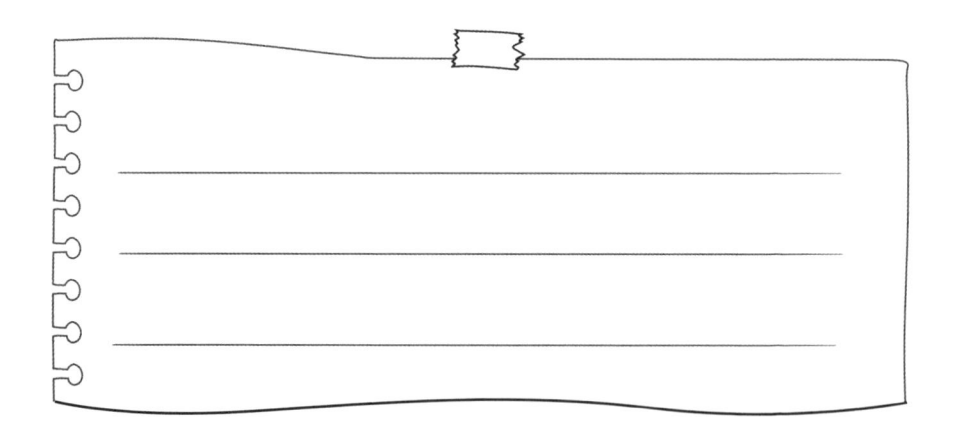

Bom, fôlego recuperado? Se conseguir, vá ainda hoje fazer seu exercício diário, é o esforço que faz o repouso agradável. Mas não se cobre tanto. Bons treinos!

9

JEJUM, CAMINHO DE AUTOCONHECIMENTO E AUTODOMÍNIO

Frei Rogério Soares

O jejum faz parte da sabedoria milenar das grandes religiões. No Antigo Testamento são inúmeras as citações que fazem referência à prática de jejuar, o que não é diferente no Novo Testamento. Costumo dizer que o jejum nos abre para a grande fome de Deus que temos, porém a opulência dos bens e o pecado da gula, acabam encobrindo essa necessidade de transcendência. A prática do jejum nos faz mais livres, desapegados, leves e prontos para o encontro com Deus. "A penitência interior é uma reorientação radical de toda a vida, um regresso, uma conversão a Deus de todo o nosso coração..." (Catecismo da Igreja Católica, parágrafo 1431).

Os Padres do Deserto, do século IV, são excelentes referências para aprendermos a respeito do jejum. Para eles, jejuar era a melhor forma de exercitar o autodomínio, de vencer os demônios e tentações do dia a dia. Eles ensinavam que ter sobriedade à mesa, autocontrole, lhes preparavam para vencer as grandes investidas do maligno e lhes fortaleciam diante das tentações da carne.

> Na tradição dos Padres do Deserto, o jejum é o meio que a pessoa utiliza para criar um "espaço vazio" no qual o Espírito possa repousar, permitindo-a distinguir o essencial do supérfluo. O jejum tem a finalidade de nos possibilitar a experiência da falta. Descobrir que, além dos alimentos que nos nutrem, é o Senhor da vida que nos nutre. É sentir também nossa fragilidade. É uma maneira de retornarmos ao essencial, aceitar-nos em nossos limites. E é do fundo de nossos limites que invocamos a Deus. É do cerne de nossa humanidade que nós reencontramos a chama da divindade (Pe. Adroaldo Palaoro, sj)[4].

O jejum é, portanto, essencial nesse caminho do emagrecimento, pois nos coloca diante de nós mesmos. Podemos, com serenidade, escolher o que realmente importa na vida, o que vale a pena. Se estamos cheios de nós mesmos, ofuscados pelos desejos carnais e comer é o mais primitivo dos anseios humanos, dificilmente iremos ser moderados na alimentação. Nós temos mais fome de Deus do que de comida, só o jejum nos mos-

---

4 Acesse: https://centroloyola.org.br/revista/outras-palavras/espiritualidade/quaresma-jejuar-e-dar-espaco-para-outras-fomes#:~:text=Na%20tradi%C3%A7%C3%A3o%20dos%20Padres%20do%20Deserto%2C%20o%20jejum,finalidade%20de%20nos%20possibilitar%20a%20experi%C3%AAncia%20da%20falta.

trará essa fome e nos levará para o Criador, a fonte da vida. Peço permissão para fazer uma citação de uma frase que escutei faz um tempo, mas que não sei a autoria: "Todo desejo, no fundo, no fundo, é um desejo de Deus". O seu desejo louco por comer, pode ser um clamor por Deus.

Nossa grande meta é a santidade, que deve encontrar na temperança, uma aliada, a via do meio. O jejum, espiritualmente falando, nos prepara para esse equilíbrio e nos avizinha da vida santa.

> Nós, medíocres que somos, não temos a maturidade necessária para a santidade, por isso não seríamos capazes de nos manter em ordem, naquele equilíbrio que "tempera" a vida, sem o auxílio do jejum. Com o jejum, somos capazes de rechaçar as incursões hostis da sensualidade e libertar o espírito para que se eleve a regiões mais altas, onde possa ser saciado com os valores que lhes são próprios. É a imagem cristã do homem quem exige esses voos (Padre Paulo Ricardo)[5].[5]

E o Padre Paulo completa: "...Quando, diante dos alimentos, esquecemo-nos de Deus e começamos a desejar o nosso próprio bem, mais do que a glória de Deus, geramos uma desordem no nosso próprio ser".

A Igreja nos orienta a fazer jejum no período quaresmal, na Quarta-Feira de Cinzas e na Sexta-Feira da Paixão, como busca por intimidade com Deus. Dessa for-

---

[5] Conforme livro "Um olhar que cura – Terapia das doenças espirituais".

ma, oriento você a incorporar, o quanto antes, a prática do jejum em sua rotina. Evidentemente, são necessários alguns cuidados e se puder ter uma orientação médica, melhor ainda. A Igreja sugere o jejum para pessoas maiores de 18 anos até os 60 anos e que não tenham problemas de saúde. Tenho certeza de que o jejum fará de você uma nova pessoa, convertida, apaixonada por Deus e ainda vai perder uns bons quilinhos.

APRENDENDO A MEDITAR

Lição 9

Meditamos, antes de tudo, porque nascemos para meditar, segundo John Main. Depois, para entrarmos em comunhão com nós mesmos, com as pessoas, com a natureza e o ápice: com Deus. Meditar é um itinerário para a Comunhão. Feliz daqueles que entenderam que nascemos para estarmos em plena união com Deus. Mesmo pecadores que somos, mesmo assim, Deus quer se unir a nós. Esse é o princípio da Encarnação do Verbo, o Deus que desce se une à miséria humana. Não devo esperar estar puro e perfeitinho para praticar a meditação, é no caminho da meditação que vou me autoconhecendo, me aceitando, me perdoando, me amando, pois descubro no meu íntimo, que Deus me amou primeiro, assim como sou. Nesse caminho profundo de estar mais conectado consigo mesmo, fica tão fácil fazer jejum, não é mais um peso e sim um espaço de maior abertura a Deus.

DICAS DE ALIMENTAÇÃO. SIGA SUA TRILHA!

Sabrina Costa

"Jejuar é o maior remédio; o médico que vem de dentro."
(Paracelsus, séc. XVI)

A prática do jejum está instituída há milênios em nossa sociedade e é encontrada em várias religiões. Há 100 anos não tínhamos uma oferta tão grande de alimentos e, plantar, esperar, colher, caçar e se mudar, eram verbos que faziam sentido para os nossos ancestrais. O corpo humano é adequado à longas janelas de jejum e colhe benefícios incríveis quando consegue adaptar a alimentação dentro de um intervalo.

Comer de 3 em 3 horas nunca fez sentido para espécie humana, desta forma, seu aparelho digestório está sempre em pleno funcionamento, sem que tenha tempo para o processo de higienização e reciclagem celular.

A alimentação moderna é rica em carboidratos, ultrapassando em muito a quantidade de glicose que necessitamos para um dia de trabalho e atividades. Com isso, o metabolismo celular fica "condicionado" à produção de energia apenas pela rota da glicose e, com o excesso, acumula em forma de gordura. O fígado humano tende a ser o primeiro a sofrer com os excessos de carboidrato, e a tal da "gordura no fígado" (esteatose hepática), se tornou algo "normal" nos consultórios médicos.

A célula humana produz, através das mitocôndrias, energia por duas rotas: glicose e gordura. Quando você consegue

produzir um déficit calórico e principalmente reduzir o consumo de carboidratos, você estimula seu corpo a produzir energia pela rota da queima de gordura, promovendo o emagrecimento.

Os alimentos que discutimos nas trilhas anteriores, dados como inflamatórios, e não comuns a dieta humana, são os principais responsáveis pelas calorias vazias de nutrientes que consumimos toda hora e que geram os acúmulos que enfraquecem nossa saúde.

A proposta aqui é olharmos para nossa natureza humana e divina, e eu estou aqui para trazer a luz do conhecimento e da ciência sobre essa prática milenar de autocura do corpo e da alma.

A partir de 12h de jejum seu corpo já começa a colher alguns dos benefícios listados abaixo, no entanto, de 14h a 16h já entramos no estágio ideal para que todos estes benefícios sejam recebidos pelo nosso corpo.

🔸 Seu aparelho digestivo entra em repouso (após 12h de jejum), inicia-se um processo de reparação celular nas mucosas intestinais;

🔸 No período de jejum, parasitas, vírus e fungos têm dificuldade de replicarem, a partir de 14h inicia-se esse processo de detoxificação;

🦶 O jejum aciona a chave do sistema imunológico, obtendo uma resposta anti-inflamatória prolongada;

🦶 Na janela de jejum, o pâncreas estabiliza a secreção de insulina, promovendo o controle e prevenção de diabetes;

🦶 A partir de 16h, inicia-se um processo de autofagia celular. As células envelhecidas e doentes são degradadas/eliminadas pelas células sadias do sistema imunológico. Processo importante para a eliminação de células cancerígenas;

🦶 As toxinas depositadas nas células de gordura são eliminadas devido ao processo de quebra dessas células para a produção de energia;

🦶 Promoção do emagrecimento, através da regulação dos hormônios de saciedade e do apetite (grelina e leptina) e facilita o déficit calórico diário;

🦶 Controle da pressão arterial, principalmente quando você se exercita em jejum;

🦶 Aumento da saúde metabólica (mitocondrial);

🦶 Produção de fatores neurotróficos, exercendo vários efeitos no sistema nervoso central, como o crescimento, diferenciação e reparo dos neurônios.

A proposta aqui é que você experimente esse retorno às origens, que você conquiste os benefícios de saúde e longevidade. Para isso é preciso um tempo de adaptação e de autoconhecimento. Entenda que seu corpo fala e ele dará sinais de como seguir nesse caminho. Minha sugestão é que iniciemos com passos curtos e muito efetivos para saúde.

1. Jante cedo. Se você jantar entre 19h e 20h, quando acordar entre 7h e 8h, já estará completando 12 horas de jejum;

2. Quando estiver se sentindo bem, prolongue para 14h de jejum, basta fazer seu café da manhã a partir das 10h. Na sequência, prolongue até o almoço (alcançará 16h);

3. Antes do café da manhã, beba água, lembre-se que você tem sede ao acordar. Seu corpo utiliza muita água enquanto você dorme;

4. Se puder, tome seu limão, ele despertará a bile e higienizará seu tubo intestinal;

5. Faça uma caminhada ou exercícios em jejum, veja as orientações do Diego;

6. Tome cafés, chás e muita água. Lembre-se apenas de NÃO adoçar;

7. Tão importante quanto o jejum, é como quebrar o jejum. Coma comida de verdade no desjejum, não pode faltar proteína.

"Quando jejuares, perfuma a tua cabeça e lava o

teu rosto" (Mt 6,17), conecte-se com os seus propósitos mais profundos, trabalhe nos seus sonhos mais antigos, resgate de forma leve sua saúde, esteja com sua família e permita que seu médico interior lhe proporcione saúde para viver uma vida longa e feliz sobre a terra.

AGORA É HORA DE MOVER O ESQUELETO!

Diego Ciarrocchi

"Não sabeis que sois o templo de Deus, e que o Espírito de Deus habita em vós? Se alguém destruir o templo de Deus, Deus o destruirá. Porque o templo de Deus é sagrado – e isto sois vós." (1Cor 3,16-17)

Jejum? Talvez este seja o capítulo mais desafiador. Mas existem muitas formas de jejum. Nesta seção quero lhe convidar a experimentar o efeito no seu organismo em um treino em jejum. Sim, é possível e traz uma série de benefícios. Lembre-se que o nosso CORPO aguenta o que nossa CABEÇA suporta.

Mas cuidado, comece com pouco. É recomendada a ajuda de uma nutricionista e acompanhamento médico para entender seu histórico, sua saúde atual etc.

Talvez você possa começar a exercitar o jejum com algumas substituições simples como trocar um doce por uma fruta antes do treino, ou deixar de comer aquele pãozinho gostoso, por meio pãozinho. Deus fez nos alimentos uma verdadeira farmácia, a escolha correta vai ajudar muito a sua performance nos treinos. Mas isso é papo para a Profª. Sabrina.

Então, vamos lá, hora de experimentar o treino em jejum. Mas não esqueça de continuar bebendo água. A seguir algumas dicas para lhe ajudar neste processo:

- Se você treina pela manhã, tente fazer sua atividade física assim que levantar e deixar para tomar seu café da manhã depois do treino;

- Tente não comer e ir treinar em seguida. Quando comemos, nosso organismo já tem um trabalho grande para fazer nossa digestão e terá ainda mais trabalho se tiver que responder aos estímulos do treino;

- Insista algumas vezes, pode parecer desconfortável no início, mas aos poucos nosso corpo vai se adaptando;

- Comece pelos treinos pequenos e vá aumentando gradativamente;

- Observe como você comerá menos depois do treino, a sensação de saciedade será maior e lhe motivará a continuar;

- Repare como você consegue sentir e escutar mais o seu corpo em jejum.

Lembra que no capítulo anterior falamos que o corpo dá sinais? Então, qualquer sinal de desconforto, tontura, náusea ou coisa do tipo, pare a sua atividade física imediatamente e procure auxílio de um profissional. Bora experimentar? Bom treino!

10

CICLO EXISTENCIAL DO AMOR DIVINO

Frei Rogério Soares

"Amar a Deus sobre todas as coisas e ao próximo como a si mesmo" (Mt 22, 34-40). Jesus resumiu toda a Lei nesses dois mandamentos. De fato, Ele nos deu o maior patrimônio espiritual, existencial e humano já visto na história da humanidade. Se entendermos e colocarmos em prática essa sabedoria, seremos felizes.

Costumo dizer que são dois mandamentos, com três movimentos de amor. Primeiro, o amor a Deus, o mais primordial e elevado, porém, intimamente ligado aos outros dois movimentos de amor. O segundo ato de amar é em direção a si mesmo, amar-se, o que chamamos de amor-próprio. E o terceiro movimento de amor, é em direção ao outro, ao próximo. Essas três atitudes de amor devem estar em harmonia, em um perfeito equilíbrio. Dessa forma, toda nossa vida estará bem integrada.

O Amar a Deus sobre tudo, é reconhecer que temos um único Senhor, o Criador. É ter Deus no centro da vida. Isso é primordial. Nós, naturalmente, estamos em busca de absoluto, inconscientemente. Se não for Deus o nosso absoluto, será alguém, alguma coisa, ideologia ou o próprio estômago. Vejo que as pessoas deste tempo perderam isso de vista. Tiram Deus do centro e se tornaram possessivas ou possuídas por outras pessoas, passionais, ativistas sem causa, imoderados na alimentação, ansiosos em demasia. É necessário voltar Deus para o devido lugar, o centro do nosso viver.

O amar a si mesmo é tão importante, que não se pode separar do amar a Deus. Se amo a Deus, como meu único Senhor e Criador, necessariamente, vou amar a obra criada, eu mesmo, que vim de Deus. Fui pensado, o mundo foi criado para mim e meus semelhantes. São muitos presentes. Quem sabe amar, presenteia. Deus me ama, me deu a vida, me deu possibilidades. Como não me amar? Sou amado. Deus ama você. É tão decisivo amar-se, ter amor-próprio, que a qualidade de vida vem daí. Pessoas sem amor-próprio tem baixa autoestima, se olham no espelho e se acham feias, pensam que são inferiores aos outros, sentem inveja, são capazes de fazer tudo pelos outros, numa busca desenfreada por aceitação e fazem pouco por si, não cuidam da saúde, às vezes engordam sem medida. Um caos existencial. Quem ama a si mesmo, sabe o lugar no mundo, cuida da saúde, do corpo que Deus lhe deu, se aceita.

O amor ao próximo, é a capacidade de sair de si, em direção ao outro. Sem esse movimento de amor, podemos cair em um egoísmo muito grande e ferimos o amor a Deus, que é Pai Criador de todos. O amor ao próximo nos humaniza, nos ajuda a ser gente, a ser nós mesmos. Amar o próximo desenvolve em nós, sentimentos nobres e elevados, como compaixão, empatia, fraternidade, oblatividade, solidariedade. Tudo isso nos faz um bem tão grande, que é imensurável o poder transformador de amar o próximo. Um outro ponto que não posso deixar de falar, é sobre propósito. Hoje se fala tanto em propósito, e só é possível falar de propósito se considerarmos o amor ao próximo. Propósito tem a ver com legado, transformar o mundo, mudar mentalidade e isso só tem sentido se incluímos as pessoas. Não existe propósito para mim, sozinho. Para eu estar bem, os outros precisam estar bem também. Somos uma comunidade, estamos interligados. Podemos associar ao amor ao próximo, o amor à ecologia, à natureza. Somos um todo, amar o outro é uma busca por sobrevivência. Deixo também esse versículo para reflexão: "se alguém disser: 'amo a Deus', mas odeia seu irmão é mentiroso. Porque aquele que não ama seu irmão, a quem vê, é incapaz de amar a Deus, a quem não vê" (1Jo 4,20).

Chamo a harmonia desses três movimentos de amor, de ciclo existencial do amor divino. Esses três atos de amor, formam um único e grande Amar, que deve acontecer dentro de uma harmonia e um equilíbrio. Escolher uma única forma de amar e se fixar nela, nos leva ao suicídio existencial. Por exemplo, pessoas que só amam a Deus, se tornam fanáticas e fundamentalistas. São capazes de se tornarem até kamikazes, colocarem bombas em si, matarem pessoas e se matarem. Que amor a Deus é esse? Não amam a si, não amam o próximo, como podem amar a Deus? Amar só a si mesmo é outro desvirtuamento, quem só ama a si, se torna um individualista contumaz, um egoísta vazio, um narcisista, só vê a si mesmo, não se importa com ninguém, nem com Deus nem com o próximo. Perdeu qualquer relação sadia com a transcendência e com os iguais. Como tem gente assim. E, por fim, quem ama só o próximo, é um voluntarista, esquece completamente de si, de Deus, podendo ser apenas um filantropo, até um exímio ativista, mas vazio de Amor. Percebem que os três movimentos de amor devem acontecer em harmonia? Amamos a Deus como Ser Supremo e mantenedor de tudo que existe, que nos ama, ao mesmo tempo que amo a mim mesmo, como filho amado de Deus e, por meio desse amor que transborda, amo meu irmão, meu próximo, meu semelhante, e a natureza que tudo nos dá. Chamo de ciclo porque o amor praticado assim, volta em forma de bênçãos para mim. Jesus ainda diz: "Amai-vos uns aos outros como eu vos amei" (Jo 15,12)

O que tudo isso tem a ver com emagrecimento? Tudo! Se vivemos a plenitude do amor, como indicado aqui, seremos mais serenos, equilibrados, sábios, menos ansiosos, mais satisfeitos com a existência, logo, a gula não terá espaço, faremos uma opção pela vida saudável.

APRENDENDO A MEDITAR

Lição 10

A meditação é um processo de amorização. Quanto mais me conheço, tanto mais me amo e amo a Deus. Consequentemente, amo as pessoas e consigo amar meus inimigos, como ensinou Jesus. Outro dia, numa sessão de meditação que faço todas as quartas-feiras, uma senhora, a mais assídua, me disse: "Frei, como eu sinto uma alegria interior ao meditar, uma vontade de expandir, de comunicar o amor de Deus para todas as pessoas". Percebam que é um amor que brota de dentro para fora, fruto da meditação. Somos habitados por Deus, o mundo com as opulências encobre Deus em nós, meditar é garimpar esse tesouro escondido e, quando encontramos, exalamos amor, sobretudo, o amor-próprio.

DICAS DE ALIMENTAÇÃO. SIGA SUA TRILHA!

Subrina Costa

"...e todo o que ama é nascido de Deus e conhece a Deus. Aquele que não ama não conhece a Deus, porque Deus é amor." (1Jo 4,7b-8)

O que vem primeiro? O amor a Deus? O amor ao

próximo? O amor por mim? A resposta é, sem dúvida, o AMOR, no ciclo existencial do amor divino, como escreve Frei Rogério. O amor vem de Deus, é nascido de Deus, é o próprio Deus, como define São João, nas cartas deles. Nossa essência é o amor, aí está a lei e os profetas, e é a partir daí que precisamos iniciar todos os projetos de nossa vida, sejam eles profissionais, familiares, vocacionais e, principalmente, o grande projeto de saúde, emagrecimento e longevidade que você inicia agora.

Entendemos que o AMOR vem primeiro, e a partir de agora nossa vida refletirá esse amor em todos os aspectos, inclusive em nossa alimentação. Uma das coisas que aprendi neste caminho é buscar o que é importante, aquilo que não pode faltar, priorizar o que é primordial. E assim, na alimentação, vamos aprender a nutrir nosso corpo com o que ele, de fato, precisa para se manter em pleno funcionamento e com saúde.

A palavra "proteína", no latim, significa "de prima importância", o que vem primeiro. A proteína é a matéria-prima da saúde, são os tijolos da construção da nossa casa interior. De proteína são formados nossos músculos, pele, unhas, cabelos, hormônios, enzimas, suco gástrico, antioxidantes endógenos e muito mais. Sem proteína muitos aspectos de sua saúde são afetados, nossos ancestrais já traziam essa sabedoria e, desde sempre, priorizavam alimentos proteicos.

Em qualquer refeição que for fazer, "dê ao corpo proteína de qualidade". Nosso corpo tem uma necessidade diária de proteína que varia de 0,8g a 1,5g por quilo. Isso corresponde à ingestão de 20 g de proteína por refeição, incluindo o lanchinho da tarde. Vamos organizar nossa alimentação para que não falte o que é primordial, para que não falte proteína.

Fontes proteicas de origem animal:

Ovos e carne de frango: Fonte incrível de proteínas, vitaminas, gorduras boas e micronutrientes. Os melhores ovos são os de galinhas criadas soltas, ciscando e se alimentando de uma dieta natural. Sem ração transgênica. Para a carne de frango, o critério é o mesmo: frango caipira e ovo caipira são melhores. Ovos de codorna são muito nutritivos e de fácil digestão;

Peixes: excelente fonte de proteína com baixa gordura, ótimo para quem busca o emagrecimento. Os melhores são: sardinha (fonte de ômega 3), carapau, robalo, pescada e salmão selvagem;

Carne vermelha: Somos seres humanos onívoros, adaptados para o consumo de carnes. Caso você consuma, a melhor procedência é de animais criados a pasto, sem hormônios. O que é mais difícil de achar e costuma ser mais cara. Como a qualidade da carne que temos acesso está longe de ser ideal, a principal recomendação é que se consuma carne vermelha de forma alternada na semana, diminuindo a frequência;

Frutos do mar: Quando se tem acesso, é excelente. O consumo deve ser regrado pois concentram metais pesados, como o tóxico mercúrio.

Os pescados em alto mar são mais puros;

🦶 Proteína de Colágeno: O famoso caldo de ossos tão utilizado pelos nossos avós. Essa proteína tem origem no cozimento de ossos e peles (peixes, carnes ou frango). A extração gera a gelatina rica em colágeno, que tem fácil absorção e é perfeita para pessoas com dificuldades digestivas. Quem nunca se beneficiou de uma canja de galinha quando esteve doente ou muito cansado;

🦶 Queijos: Os queijos curados são as melhores opções sempre. O processo de maturação de pelo menos 30 dias, permite que a caseína seja quebrada e a torne mais biodisponível. A caseína é uma das proteínas do leite que é inflamatória para a espécie humana. São os melhores queijos para consumo: Queijo da Canastra (curado e meia cura), Emmental, Parmesão, Gruyère, Grana, Parmigiano, Gouda, Edam, Montanhês, Reino e Provolone.

Fontes proteicas de origem vegetal:

🦶 Feijões: Preto, branco, vermelho, de-corda, fradinho, caupi, jalo, verde, entre outros. Fontes riquíssimas em proteínas, são alimentos excelentes para quem os digere bem, mas não são para todas as pessoas;

🦶 Grão-de-bico, lentilhas, ervilhas, quinoa, entre outras;

🦶 Açaí, nozes, aveia, brócolis, couve-flor, verduras verdes escuras e sementes (abóbora, girassol, chia e linhaça).

O importante no consumo dos grãos é o "demolho". Colocar de molho de um dia para o outro, não é somente um costume antigo trazido de nossos avós. Hoje a ciência nos ajuda a entender que períodos de 18h de demolho, são capazes de nos livrar dos "fitatos", antinutriente responsável pelo processo fermentativo dos grãos no intestino humano.

Agora que já entendemos o que precisamos priorizar em nossa alimentação, eu vou lhe fazer um convite: Que tal fazer do PRIMEIRO alimento do seu dia, o café da manhã, uma fonte de proteína para seu corpo? Que tal dar a ele aquilo que lhe é primordial? Que tal presentear seu corpo com uma porção caprichada de proteína de boa qualidade? Vamos quebrar nosso jejum, o repouso noturno prolongado que já aprendemos a fazer, com uma proteína da natureza.

Proponho que você experimente consumir ovos, queijos, sementes, grãos, frango ou até mesmo carnes no café da manhã. Por que não? Vamos fazer essa experiência? Vem comigo, eu lhe ajudo!

AGORA É HORA DE MOVER O ESQUELETO!

Diego Ciarrocchi

Não é conquistar uma medalha, é conquistar a si mesma.

Pelo que você é grato hoje? Já parou pra pensar que a gente agradece pouco? Que a gente celebra pouco?

Que a gente quase não comemora mais, nem que sejam as pequenas conquistas? Nosso cérebro precisa de recompensas para continuar seguindo adiante e faz parte do nosso desenvolvimento reconhecer nossas vitórias diárias, nosso esforço e nossa dedicação. Isso também é amor!

Então, a atividade física do capítulo vai ser para nos conectar com esse amor e ter a oportunidade de agradecer e de falar pra gente mesmo que é possível, que existe um caminho lindo de simplesmente SER GRATO!

Seu corpo físico é a prova concreta de sua existência, o alicerce da saúde, a morada da alma. Cuidar é a fundamental declaração de autoestima. Prova viva do profundo amor ou desamor de cada um por si mesmo.

Então, vamos lá. Serão 3 desafios para você neste capítulo:

Desafio 1: O Amar a Deus

O desafio aqui é você fazer sua atividade física (que espero que já tenha virado uma rotina nesta altura do livro) em um ambiente onde você tenha contato com a natureza. Pode ser na praia, no campo, no parque, na trilha, na fazenda, na grama ou em qualquer lugar onde você se conecte com o Criador de toda a natureza. Tente estar ali de corpo, mente e alma. Sinta os cheiros, veja as cores, ouça os sons, toque nas plantas, caminhe um pouco descalço e somente agradeça a Deus pelo amor infinito colocado para nós pela beleza sagrada da natureza.

Ah, aproveita e já fez seu exercício de meditação do capítulo por ali também. Você vai ver o poder transformador e revigorante que você receberá.

Desafio 2: O Amar a si mesmo

Hora da selfie! Ou foto no espelho. Isso mesmo, lhe proponho tirar uma foto sua, guardar no seu celular e comparar você hoje com alguns meses atrás. Mudou? O que mudou? Como você se sente ao se ver hoje? Guarde essa foto para ver a sua transformação daqui alguns meses. Enquanto isso, anota aqui as suas medalhas, quais foram as suas pequenas conquistas desde que você começou esse movimento com a gente? Liste pelo menos 5 delas, tenho certeza de que você teve.

Minha pequena conquista 1:

_____

Minha pequena conquista 2:

_____

Minha pequena conquista 3:

_____

Minha pequena conquista 4:

_____

Minha pequena conquista 5:

_____

Desafio 3: O Amar ao próximo

Hora de agradecer quem está lhe ajudando. Quem lhe incentiva nessa jornada? É seu companheiro? Seu filho? Aquele seu sobrinho atleta? O desafio aqui é você mandar uma mensagem para essa pessoa, simplesmente agradecendo por ela não desistir, e lhe incentivar a continuar nessa jornada. Se você ainda não tem uma pessoa assim, é hora de pensar em quem pode ajudar? Pode ter certeza que o caminho fica muito mais leve quando a gente divide. Então, liste aqui as pessoas que ajudaram, que estão ajudando e que podem ajudar neste processo.

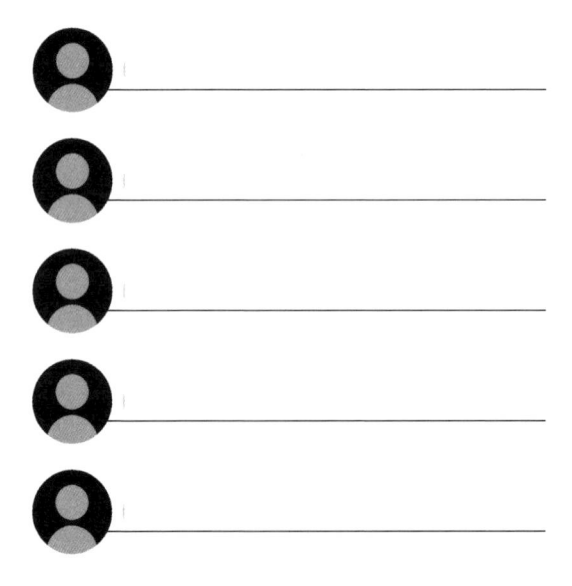

11

AMOR-PRÓPRIO EMAGRECE

Frei Rogério Soares

Ouvi essa máxima, anos atrás, de uma jovem *coach* de emagrecimento de Cuiabá, Claudia Ribeiro, e desde então fiquei refletindo sobre isso. Se pensarmos bem, faz todo sentido. Amor-próprio abrange todas as dimensões de nossa vida. Quando temos consciência da importância do amor dispensado a nós mesmos, desperta também o autocuidado, a necessidade de maior zelo com nossa saúde.

O amor-próprio tem a ver com um olhar apreciativo sobre si mesmo, uma acolhida amorosa de nossas próprias fraquezas. Amar-se tem a ver com perdoar-se, olhar para nossas falhas e sermos compreensivos com nossas limitações. Se nos amamos assim, nunca nos puniremos. Em alguns casos, pessoas se punem comendo sem medida, entram em um ciclo de culpa, no qual comer e voltar a comer é manter-se nesse ciclo vicioso.

Já se sentiu culpado depois de ter comido muito? E, mesmo assim, voltou a cair na comilança de novo? Só o amor-próprio e o autoperdão podem pôr fim nesse ciclo negativo.

Parece estranho falar que existem pessoas que se punem com comida, mas é uma realidade tão inconsciente, tão velada, que não está no campo do consciente. Imagina se encher de comidas gordurosas, lanches cheios de maionese, embutidos ultraprocessados, refrigerantes açucarados, sorvetes cheios de químicas, tudo que a gente sabe que viram bombas destruidoras dentro de nós, mesmo assim, comemos. Será que comemos só porque são gostosos, ou estamos nos fazendo mal, para nos punir? Evidentemente que isso não acontece com todo mundo, mas coloco aqui para refletirmos. Será que não acontece com você?

Costumo dizer que quem tem amor-próprio não se agride com comida. Agredir com comida? Isso mesmo! Pois ingerir tantos alimentos que fazem mal à saúde é uma agressão, é um desrespeito ao corpo, a morada do Espírito Santo. Por falta de amor-próprio podemos nos autodestruir com nossa própria boca. Quem se ama, escolhe bem os alimentos, é sóbrio à mesa e busca leveza em todos os sentidos. Quando eu era adolescente, algumas vezes, almoçava com meus amigos na casa dos padres mercedários. Pe. Herculano Negreiros, admirado com os robustos pratos que colocávamos, dizia que o corpo não precisa de tanta comida para se manter, pois absorve só os nutrientes necessários, o restante é totalmente desnecessário, o que devemos fazer é comer o suficiente, escolhendo bem os alimentos. Creio que ele tinha razão.

Você pode estar se perguntando: como faço para ter amor-próprio? Em alguns casos, precisamos da ajuda de algum profissional ou uma boa direção espiritual. Aqui dou algumas dicas. Sinta-se amado por Deus, um amor que transborda, assim você se sente único. Elenque todas as suas qualidades em um papel, medite sobre elas e se aproprie. Aceite os elogios das pessoas e sinta-se merecedor dessas boas avaliações. Direcione sua mente e imaginação para as coisas positivas. Ame a vida, a família, os amigos, as pessoas próximas, ame o mundo e, como ensinou Jesus, ame inclusive seus inimigos, pois o amor é contagiante, quando amamos, o amor volta em dobro para nós.

Com um toque de amor-próprio em sua vida, não haverá espaço para o pecado da gula, para os exageros, pois comer, além de um presente para você, será apreciado com moderação. Com um toque de amor-próprio você vai se exercitar, mover o esqueleto, seguir as dicas do Diego. Com um toque de amor-próprio, você vai buscar mais conhecimento sobre os efeitos dos alimentos em seu corpo e vai passar a seguir a professora Sabrina nas dicas de alimentação e, quem sabe, nas redes.

APRENDENDO A MEDITAR

Lição 11

O Caminho da meditação, segundo John Main, é o percurso de tornar-nos nós mesmos. Ser aquele que nascemos para ser. Parece estranho isso, mas faz todo sentido. Quando somos crianças nós somos nós mesmos, somos mais verdadeiros, falamos a verdade sobre nós, somos mais autênticos. Quando vamos crescendo vamos nos distanciando de nossa essência, e passamos a ser mais o que o mundo, as pessoas ou modas querem que sejamos. Perdemos o nosso valor, nos distanciamos do amor-próprio. A prática da meditação, num processo tão simples, vai nos devolvendo a nós mesmos. Sentimos uma alegria tão grande em ser aquele que Deus pensou que fôssemos. "Assim, a oração, ou meditação, não é apenas um modo de 'fazer' alguma coisa, mas é um modo de 'tornar-se' alguém – tornamo-nos nós mesmos: criados por Deus, remidos por Jesus e templos do Espírito Santo." (Main, John. Meditação Cristã. São Paulo, Ed. Paulus. pg. 31)

DICAS DE ALIMENTAÇÃO. SIGA SUA TRILHA!

Sabrina Costa

A melhor escolha é quando a gente se escolhe todos os dias...

Quando você se escolhe, você diz SIM à sua natureza, você diz sim à sua vida. Quando você se escolhe, você escolhe o outro. *No exercício do amor-próprio está a excelência do amor ao próximo.* Porque o mandamento é "amar o próximo COMO a TI mesmo". Só entrego o verdadeiro amor ao meu marido, aos meus filhos e aos meus irmãos, quando aprendo a me amar antes. Nas atitudes diárias do autocuidado está a comunhão da sua consciência com a obra do criador que é você. "Sua vida é o presente de Deus para você, o que você faz com ela é o seu presente a Ele" (São João Bosco).

Convido-lhe a visitar seu jardim, aquele que estamos plantando desde o início desta TRILHA, é possível que já possamos colher algumas flores neste caminho. Vou ajudar a identificar as flores mais bonitas do seu **RITUAL MATINAL**, e estimular a segui-lo por toda sua vida.

O desafio aqui é fazer do nosso desjejum, o nosso café da manhã, um momento de descanso e cuidado para nosso corpo, dando a ele alimentos da natureza, apropriados para o consumo. O consumo de derivados de trigo (pães, bolos, torradas, bolachas e biscoitos), embutidos (presunto, queijos, peito de peru, entre outros), derivados de leite (iogurtes, "danones" e requeijões), trazem consequências inflamatórias para nosso corpo, como já vimos em outras trilhas.

Veja a tabelinha a seguir e vamos marcar, ao longo de uma semana, as atividades que já estamos conseguindo concluir no nosso Ritual Matinal. Faça as observações que achar pertinente abaixo da tabela.

	Bebi água	Não bebi açúcar	Consumi ao menos 1 limão	Me exercitei	Comi proteína no café da manhã	Respeitei a janela de jejum de 14h a 16h
seg.						
ter.						
qua.						
qui.						
sex.						
sab.						
dom.						

Observações:

AGORA É HORA DE MOVER O ESQUELETO!

Diego Ciarrocchi

O céu não ajuda quem não quer se mexer.

Ah, o amor-próprio, tão necessário para nossa integralidade. Aliás, a palavra integral vem de inteiro, e se assumirmos que somos seres integrais, em nosso ser habita corpo, mente, coração, alma, tudo junto. Então, não tem como estarmos bem só em uma parte, termos amor-próprio somente para nosso intelecto e não para nosso corpo ou para nosso coração através das relações e sentimentos. Busque ser integral, inclusive nos alimentos integrais, como diz a Profª. Sabrina.

E falando de amor-próprio para o nosso corpo, como anda seu colesterol? E o triglicérides? E a Vitamina D? O ferro? Quando foi a última vez que você visitou um cardiologista? Agora que já criamos o hábito da atividade física, é momento para um checkup da sua saúde. Então aqui vão algumas dicas:

1. Busque um cardiologista;

2. Diga que está mudando seus hábitos e está iniciando uma vida com uma melhor alimentação e com atividade física;

3. Peça exames de rotina como: exame de sangue, ergométrico, eletrocardiograma e todos os outros que o médico recomendar;

4. FAÇA os exames (parece estranho, mas melhor lembrar);

5. Retorne no seu médico com os resultados;
6. Repita entre 6 meses e 1 ano, ou de acordo com a orientação do médico.

Mas e nossa atividade física do capítulo? Pensou que eu ia esquecer? Hoje lhe proponho introduzir uma sessão de alongamento durante a sua semana. Acha que consegue? Apenas 20 minutos para lhe ajudar a respirar melhor, meditar melhor, rezar melhor e comer melhor. E claro, dar uma aliviada naquela dorzinha na lombar. Então, chega de ler e bora praticar:

- Coloque um colchonete, tapete, EVA, ou até mesmo uma toalha no chão;
- Busque uma *playlist* daquele artista que você gosta;
- Estique-se. Como? Como sua intuição e seu corpo pedir. Mas tenho algumas regrinhas básicas:

1. Comece com uma sequência de pé, depois sentado e, por último, deitado;
2. Fique, aproximadamente, 20 segundos em cada alongamento;
3. Compense: tudo que fizer para um lado, faça para o outro;
4. Se esforce sem forçar. Tem que ser desafiador, mas não agressivo. Lembre-se do amor-próprio;

5. Faça respirações longas durante o alongamento e, ao expirar o ar, estique um pouco mais;

6. Não faça movimentos bruscos, respeite seu corpo e seu limite;

7. Ao terminar, deite-se por alguns minutos, feche os olhos e aproveite para relaxar todos os músculos do seu corpo, imagine-se num lugar calmo, tranquilo e amoroso;

8. Retorne aos poucos, faça algumas respirações profundas, agradeça a Deus pelo dom da sua vida e se levante, porque a vida te chama com força!

Nos vemos no próximo capítulo.

Bons treinos!

12

QUE A ORAÇÃO LEVE VOCÊ A HABITAR SEU CORPO

Frei Rogério Soares

Você sente que habita seu corpo? Faço tal pergunta, pois o que mais vejo são pessoas desabitadas de si. Nós estamos em vários lugares, menos em nosso próprio corpo. Estamos nas redes sociais, mas não em nós mesmos; nós divagamos em ilusões, mas não conhecemos nosso corpo; estamos nas paixões, muitas vezes em paixões desordenadas, mas não no nosso próprio corpo; estamos no materialismo, nas coisas, nos bens, mas pouco sentimos nosso coração bater. Nós podemos estar tão fora de nosso corpo, que corremos o risco de estarmos saciados e nem percebermos. Ora, se você não habita seu corpo, como vai se dar conta que já está cheio? Dessa forma, continua comendo, mesmo com o corpo não pedindo mais. Nos empanturramos de comida, mesmo saciados.

O novo estilo de vida, disperso e vago da cultura

moderna, nos leva a perder a relação entre espírito, alma e corpo. A nossa dimensão espiritual pouco é alimentada e quase nada tem a ver com o corpo. A nossa "psiquê", como diria os gregos, tem íntima integração com o *soma*, palavra grega para designar corpo. psiquê e *soma* são as duas faces de uma mesma moeda. Nós estamos conseguindo uma cisão entre essas duas realidades, uma divisão suicida, na qual cuido do corpo separadamente do espírito. O que era uma unidade natural, conseguimos transformar em uma separação drástica. Voltar a habitar o nosso corpo é um imperativo da natureza.

É tempo de voltar, voltar ao que é próprio nosso, nosso corpo. Isso só é possível com a prática da oração integradora, que estamos ensinando ao longo desse livro, a começar pela meditação cristã, que requer perseverança. Meditar não é difícil, é o que há de mais simples. Consiste apenas em repetir o mantra, a palavra, *Maranathá*, um pouco pela manhã e um pouco pela tarde. O maior desafio é manter a disciplina, a constância na meditação. É necessário persistência, voltar sempre que for preciso. Você pode perguntar: mas existem outras formas de oração integradora? A resposta é: claro que sim. A reza do terço constante, meditado, em perfeita comunhão com Deus e consigo mesmo, é uma ótima opção. A adoração ao Santíssimo Sacramento não pode faltar, é quando reconhecemos o senhorio de Deus em nossa vida. O próprio silêncio interior aliado com a respiração, lhe conduzindo à contemplação. Não posso deixar de falar da *Lectio Divina*, ou seja, a leitura orante da Palavra de Deus. A Liturgia das Horas, tão praticada pelos monges, religiosos e religiosas, também é um caminho integrador. Gosto muito de indicar também as Oficinas de Oração e vida. São múltiplas as formas de oração, o que deve ser observado é a disciplina. A oração deve ser feita todos os dias e, de preferência, na mesma hora. Bem, todo esse empenho na vida de oração deve ser coroado com a Missa dominical, é lá que tudo faz sentido e ganha plenitude.

Tudo isso para dizer que, no processo de emagrecimento, de dieta, faz-se necessário habitar-nos. Ter maior consciência de nosso corpo, interagir mais consigo mesmo. Tudo que sentimos ou passamos, o corpo demonstra, fala, dá sinais. O corpo tem linguagem, é necessário saber interpretá-la. Se criamos uma boa conexão com nosso corpo, saberemos identificar qualquer anomalia ou novidade. Tem gente que engorda e nem se dá conta que está com sobrepeso, e se nunca sobe numa balança não terá noção das mudanças no peso. Como é sabido também, o corpo somatiza doenças da alma, das emoções, e vai virando doença. Só um profundo autoconhecimento, só um habitar-se, permitirá uma rápida percepção das transformações corporais.

A espiritualidade deve levar você a habitar seu próprio corpo, trazer a alma para dentro de você. Quando faço prática de meditação em grupo, faço um momento de reconhecimento do corpo ou tomada de consciência que tenho um corpo, começo movendo os dedos dos pés, sentindo o chão, movo os joelhos, a cintura, as mãos e os braços, os ombros e a cabeça, e depois desse sentir-me por inteiro, é que começamos a meditar. Os exercícios físicos também são ótimos aliados, siga todos os conselhos de Diego. Escolher bem os alimentos e saber o que eles fazem em nós de positivo e de negativo, é imprescindível fazê-lo, isso você está aprendendo com a professora Sabrina.

Quando você tiver maior conexão com seu corpo, você naturalmente vai comer menos. Terá plena percepção que está saciado e vai se sentir mal em comer exageradamente, comerá apenas o necessário. Eis porque defendo a tese que se emagrece rezando.

APRENDENDO A MEDITAR

Lição 12

Quando me sento para meditar, pela manhã e à noite, a primeira coisa que faço é buscar unir minha alma ao meu corpo. A primeira coisa é habitar meu corpo. Somos um todo, só entrarei em comunhão com Deus se estiver integrado a mim mesmo. Por isso, inicio minhas meditações, tanto só como em grupo, fazendo exercícios de tomada de consciência de meu ser corpóreo. Começo louvando a Deus pela dádiva de ter pés, para andar, ir, vir, aí vou tomando posse de meus pés, fazendo movimento nos dedos, pisando o chão descalço. Depois vou para os joelhos e assim o corpo inteiro até a cabeça. Quando estou só faço esse exercício mais rápido, dura de 3 a 5 minutos, em grupo demoro mais. Faço também exercícios de respiração. O importante é você ter a consciência que existe em um corpo. Sabendo que seremos salvos de corpo e alma.

DICAS DE ALIMENTAÇÃO. SIGA SUA TRILHA!

Sabrina Costa

"Remediar – verbo transitivo direto – tornar mais suportável ou aceitável; atenuar, minorar." *(Oxford Languages)*

Os remédios chegam a nossa rotina diária à medida que as enfermidades vão se estabelecendo ao longo da vida. No momento de um diagnóstico recebemos um fardo, um medo profundo, um susto enorme, regado de apreensão infinita. Quem nunca passou por uma situação dessa? De verdade, as doenças crônicas não aparecem de um mês para outro, nem do dia para noite. É um somatório de uma vida de hábitos contrários à nossa natureza, de uma alimentação errada, que corrói nossa saúde de forma lenta e degenerativa.

Os remédios muitas vezes não promovem a cura, apenas remediam a situação, e como a própria definição da palavra nos mostra, nos ajuda a tornar mais suportáveis os sintomas e as consequências da doença. Diante de uma doença crônica ou autoimune, encontramos no remédio algumas horas de conforto em meio todo o sofrimento que a doença nos traz.

"Eu vim para que todos tenham vida e vida com abundância." (Jo 10,10), essa é a promessa, a proposta inicial e o desejo do coração de Deus. Que minha vida tenha abundância de encontros, sonhos, amores, propósitos, disposição e saúde para servir. Acontece que saúde é algo que se conquista no dia a dia, ao longo da vida, ela ressurge quando implantamos hábitos que vão na direção da nossa natureza humana e divina. A cura é um processo tridimensional, afinal, somos corpo, alma e espírito.

Ao corpo: precisamos presenteá-lo diariamente com alimentos que contribuem para a prosperidade nutricional, extrair da natureza os remédios que ela nos proporciona e os coloca à nossa disposição. Além disso, busque uma vida ativa, sem sedentarismo, contando com os benefícios incríveis da atividade física. Benefícios estes, que nenhuma tecnologia conseguiu até hoje colocar em uma cápsula de suplemento.

A alma: a busca pelo autodomínio, pela temperança, pelo desapego aos vícios e pelas virtudes, traz ao corpo os benefícios de uma vida em paz. Sem contar que a fé, em pleno exercício, já é provada pela própria ciência que possui benefícios frente às doenças psicossomáticas (ansiedade, depressão, síndromes, entre outras).

Ao Espírito: a cura espiritual está em Deus, e se hospeda em viver de acordo com nossa essência, descobrindo e exercitando nossos talentos a favor do outro. Cada um de nós viemos viver as alegrias e os desafios desta vida por um propósito, e quando estamos neste caminho, tudo prospera em nossa vida.

Frei Rogério, Diego, e eu estamos aqui por um propósito: colocar nossos talentos à sua disposição, para que você consiga ressignificar a saúde do seu corpo e da sua alma, em busca da cura espiritual.

Hoje vou apresentar uma "Farmácia da Natureza", que você conseguirá ter em sua cozinha e conquistará o hábito de consumir esses remédios todos os dias.

❧ **Sementes:** Riquíssimas em vitaminas, ômega 3 minerais e uma série de antioxidantes.

❧ **Chia:** tem seis vezes mais cálcio do que o leite e três vezes mais ferro do que o espinafre;

❧ **Semente de Romã:** oferece benefícios incríveis para a circulação sanguínea, rica em polifenóis, poderosos antioxidantes preventivos de câncer;

❧ **Semente de Abóbora:** contém vitaminas do complexo B, ácido fólico, muitas proteínas e muito triptofano (aminoácidos precursores de serotonina), que auxiliam no combate da depressão. Além disso, tem resultados empíricos satisfatórios na prevenção do câncer de mama e de próstata;

❧ **Gergelim** (brancas, pretas, amarelas, vermelhas e marrons): contém uma particularidade, sesamina e semolina, que controlam os níveis de açúcar no sangue e ajudam a diminuir o colesterol (LDL);

❧ **Semente de Girassol:** ricas em vitamina E e fitosterol, fortalece a imunidade, equilibra os hormônios e são anticâncer;

❧ **Linhaça** (dourada ou marrom): Rica em fibra

insolúvel, promove o movimento peristáltico do intestino combatendo a prisão de ventre. Boas concentrações de magnésio, favorecendo a ação anti-inflamatória, promovem o relaxamento dos vasos sanguíneos e ajudam a prevenir doenças como aterosclerose e infarto. Contém luteína e zeaxantina, responsáveis pela saúde dos olhos e saúde hormonal das mulheres.

Modo de usar: Você pode alternar o uso, mas nunca deixe faltar a semente de abóbora, nem de girassol. Pode consumi-las com frutas, com saladas e nos ovos do café da manhã. Imagine que bênção o seu corpo recebendo todos esses benefícios no desjejum, como primeiro alimento do dia.

Ovos com Sementes

Em uma frigideira antiaderente:

- Coloque um fio de azeite ou óleo de coco;
- 1 colher de sopa do seu mix de sementes. Espere que elas aqueçam um pouco e liberem as boas gorduras;
- Em seguida, quebre os ovos e os tempere do seu gosto (sal rosa, cúrcuma, páprica defumada, orégano, entre outros). Se preferir que os ovos fiquem bem cozidos, abaixe o fogo e os tampe.

Ovos bem crocantes para um café da manhã de uma vida longeva e feliz.

"Andem sempre pelo caminho que o Senhor, o seu Deus, lhes ordenou, para que tenham vida, tudo lhes vá bem e os seus dias se prolonguem na terra da qual tomarão posse."
(Dt 5,33)

AGORA É HORA DE MOVER O ESQUELETO!

Diego Ciarrocchi

"Correrão e não se cansarão" (Is 40,31)

Quero te contar uma coisa: Nada do que estamos falando vai funcionar se você fizer às vezes. É preciso constância, regularidade. Eu sei, e você sabe que é difícil, é ainda mais difícil manter do que começar, mas é justamente aí que mora a sua nova vida, é depois do sacrifício, e não antes. Fidelidade não se mede em profundidade e sim em estabilidade.

Eu costumo dizer que temos alguns sabotadores que nos impedem de seguir. Vou listá-los aqui. Você se identifica com algum?

- ☺ **Agenda cheia:** Vai arrumando atividades que sempre afastam do treino que tem que ser feito;
- ☺ **Rocambole:** Só enrola! Põe um "recheiozinho", enrola um pouquinho, põe um pouco mais de "recheiozinho" e continua enrolando, enrolando. O dia passa e o treino ficou para trás;
- ☺ **Borboleta:** Muda com o vento. Não tem tempo

para amadurecimento. Não constrói. Só chama atenção, embeleza, distrai e morre logo;

- ☺ **Saquinho de desculpas:** A culpa por não ter treinado nunca é minha, é sempre da chuva, do sol, do vento, das crianças e do trabalho;

- ☺ **Maria mole:** Não resiste à pressão e às dificuldades externas e internas. Cede rápido e se molda à situação;

- ☺ **Fantasia:** Para os outros está firme nos treinos e na dieta, mas na verdade é só fachada;

- ☺ **Ralo:** Acho que vou dar atenção daqui a pouco ao treino, mas o tempo vai passando... vai passando... e fica no esquecimento;

- ☺ **Varal:** Pendura as metas, sonhos e mudanças todas no varal, deixa lá e esquece de pegar e colocar em prática;

Se reconheceu em algum deles? Em que situações eles aparecem e lhe impedem de continuar? Seja mais forte que sua melhor desculpa. Bora colocar seu par de tênis e suar um pouco.

Bons treinos!

13

O AUTOCONHECIMENTO APLICADO AO EMAGRECIMENTO

Frei Rogério Soares

Que o autoconhecimento é imprescindível na vida, isso já sabemos há milênios, desde que o filósofo Sócrates proferiu a máxima "Conhece-te a ti mesmo". Agora é necessário buscar esse autoconhecimento no processo de perda de peso e vida saudável. Não adianta perder peso se não estivermos saudáveis. Conhecer-se se torna primordial, tanto para existência como um todo, quanto para um maior autodomínio.

O autoconhecimento é um processo árduo, que necessita muito empenho e humildade. É necessário um bom nível de escuta, de Deus, de si e dos outros. Estar atento ao que acontece com você e seu entorno, escutar os sinais, as reações aos estímulos externos, como você responde as adversidades. É necessário ouvir o outro, sobretudo as pessoas que vivem com você, são elas que lhe conhecem de fato. O problema é que não suportamos quando as pessoas que nos amam fazem alguma observação sobre nós, reagimos muitas vezes com brutalidade, quando na verdade deveríamos agradecer.

Falo nas minhas pregações que só acredito numa transformação verdadeira e num autoconhecimento real, quando alguém que mora com você atesta tais mudanças. Mostrar que mudou para pessoas que não são de nossa convivência é fácil, difícil é convencer as pessoas que nos amam e nos conhecem bem. No dia que sua mulher ou seu marido disser para você: "Nossa! Como você tem mudado para melhor!", nesse dia você pode comemorar.

A via do conhecimento de si é nossa grande aliada. Assim conhecemos nossos limites e potencialidades. Nossas forças e nossas fraquezas. Nossos medos e nossas coragens. No campo do descontrole na alimentação, o autoconhecimento é imprescindível. São múltiplos fatores internos e externos que nos levam a engordar. Só nos conhecendo bem para sabermos o caminho a percorrer. Cada pessoa é um universo e nem sempre a dieta que serve para um serve para o outro. Têm pessoas que exageram na comida por uma questão cultural da própria família, se isso não vier para o campo do consciente, fica difícil qualquer tentativa de emagrecimento. Têm pessoas que ganham peso por serem muito ansiosas, outras por buscarem compensações na comida por conta das frustações, existem aqueles que comem por puro prazer e gulodice mesmo, e os que não têm autodomínio. Estava pensando outro dia que muitos acabam comendo muito porque não sabem dizer não. Tudo que lhes oferecem, comem, seja em festas, na casa dos amigos, comem para agradar os outros, bem comum isso no Brasil.

Enfim, você sabe o que lhe faz comer além da medida? Só o autoconhecimento lhe dará essa resposta, seguida de muita humildade. Eu, pessoalmente, oriento as pessoas a fazerem esse processo de conhecimento de si com a ajuda de um psicólogo ou terapeuta, um profissional, ou na direção espiritual. Temos que deixar de procurar ajuda só quando estamos com graves transtornos psicológicos. Posso confidenciar aqui que, por algumas vezes, fiz acompanhamento com terapeuta e faço ainda, não tem nada melhor para o crescimento pessoal e humano.

O que não pode faltar no processo do conhece-te a ti mesmo é a vida de oração, temos insistido nisso. A oração diária e o silêncio interior nos levam à contemplação. É nesse estágio de contemplação que conseguimos olhar em direção a Deus e em direção a nós mesmos. Dessa forma, passamos por um processo de nos autoavaliar, deixar para trás o que nos impede de crescer e potencializar o que temos de melhor. Nos autoconhecendo, vamos tendo mais domínio de nossas emoções feridas, de nossos sentimentos mal resolvidos, e vamos colocando tudo no lugar. Quando nos autoconhecermos de verdade, nos tornamos mais prudentes, mais sábios, menos instintivos e carnais. Teremos muito mais possibilidade de autocontrole diante da comida, das tentações em geral.

APRENDENDO A MEDITAR

Lição 13

Autoconhecimento. Eis um fruto da meditação. Autoconhecer-se é ter a coragem de olhar para si e encarar a verdade de si mesmo. É acolher quem você é e assumir-se como tal. E olha, isso é libertador. Quando medito, repito meu mantra regularmente, estou também voltando meu olhar para mim mesmo, mergulhando em minha realidade, tocando minhas feridas e traumas. Cada vez que tomo conhecimento dessa minha realidade mais escondida e acolho-a, torno-me mais humilde, no sentido profundo da palavra humildade, que vem do latim *humus*, ou seja, terra, chão. Estou me reconciliando com meu chão, com minha realidade tal como ela é, meu passado, minhas feridas, minha história, que não posso mudar, pois é parte de mim, então aceito amorosamente. Quanto mais me conheço, mais conhecerei a Deus.

Só podemos conhecer outra pessoa na proporção do nosso autoconhecimento. Só conheceremos Jesus plenamente quando nos conhecermos plenamente. Até então, o que teremos serão alguns vislumbres Dele, mas poderá ser o suficiente para nos manter interessados em aprofundar nosso autoconhecimento de modo a chegarmos a conhecê-lo plenamente. (Freeman, Laurence. Os olhos do coração, a meditação na tradição cristã. Ed. Palas Athena. São Paulo - SP 2004. pg.82)

DICAS DE ALIMENTAÇÃO. SIGA SUA TRILHA!

Sabrina Costa

"Assim fizeram, e apanharam tamanha quantidade de peixes que as redes se rompiam." (Lc 5,6)

Se você chegou até aqui, tenho certeza de que muitas coisas já se modificaram em seu coração e que, em breve, refletirão em sua vida, no seu corpo e nas suas atitudes. Imagine algo poderoso: **Quem domina o que come, dominará todas as áreas da vida**. A comida é um instinto primitivo, hospedado pelo inconsciente. Buscamos nela, o alívio da fome, o conforto das emoções, a distração e a socialização. **Tornar a alimentação consciente é uma conquista poderosa, é uma força que vem do alto, transcende a carne e tem morada no espírito.**

Neste capítulo, proponho a você um passeio de barco com Jesus, vamos sair para pescar. Imagine que você, assim como Pedro, está à margem, cansado por tantas tentativas de emagrecimento, por tantas buscas que não lhe fizeram sair do mesmo lugar. Imagine que essa exaustão, deu espaço à esperança, quando você avistou este livro. Assim como Pedro, você se arriscou a ver qual era a "parada" deste livro. E agora, assim como Jesus disse a Pedro, Ele dirá a você: "Avança para águas mais profundas e lançai vossas redes." (Lc 5, 4).

Sim, a proposta aqui é exatamente essa: Vamos avançar! Vamos progredir no nosso projeto de emagrecimento e de resgate da nossa saúde! Vamos estender nosso ritual matinal para as outras refeições. Vamos montar nosso prato das refeições de forma saudável e a favor da nossa vida. Como vamos fazer isso? Vou lhe ensinar! Como você vai conseguir? Com a força que vem do alto.

A nossa parte é fazer uma compra de supermercado que encha nossa cozinha de saúde e de vida. Preparar os alimentos, as saladas, as frutas e os legumes com antecedência, para que o cansaço do corpo não atrapalhe o nosso projeto de vida. A nossa parte é acordar cedo, caminhar, praticar atividade física, beber água, praticar o Ritual Matinal, meditar, rezar o terço e ser grato.

E como vamos conseguir fazer e até mesmo manter tudo isso em nossa vida? Isso é com Cristo, quem traz os peixes às redes é Jesus. Mas, nunca se esqueça: "O milagre está no caminho...". CAMINHE, ou melhor, PESQUE.

Monte seu prato:

Após ter feito seu "Ritual Matinal", observe como você está na hora do almoço. Se conseguiu fazer seu café da manhã mais tarde, respeitando a janela de jejum de 14h ou 16h, provavelmente, você não estará com muita fome. Caso ainda não tenha conseguido atrasar o café, sugiro que, uma hora antes de almoçar, consuma algumas castanhas, nozes ou amêndoas. As oleaginosas são ricas em boas gorduras e muitos nutrientes, no entanto devem ser consumidas em poucas quantidades.

No meu prato deve conter:

- Em 50%: verduras (escuras, de preferência), tomate, pepino, abacate (Sim, abacate! Experimente com salada ou em forma de "guacamole");
- Em 25%: uma fonte de proteína animal ou vegetal de boa qualidade;
- Em 25%: ao menos duas variedades de legumes de baixo amido cozidos no vapor ou refogados. E uma fonte de carboidrato bom, como mandioca, feijões (também fonte proteica), batata doce, batata baroa, arroz, entre outros.

Que tal comermos uma sobremesa após o almoço? Sobremesa da natureza, as frutas. Escolha as frutas de sua preferência e aproveite este momento. Ingerir frutas após uma refeição completa, como o almoço ou jantar, permite que a glicose ingerida através da frutose, não seja inflamatória. Esse açúcar misturado no bolo alimentar cheio de fibras e proteínas, trará benefícios à sua saúde e entregará, de forma adequada, todas as vitaminas que as frutas dispõem.

Preciso que você saiba que emagrecimento é um processo lento e que muitas vezes, você precisará da ajuda e do acompanhamento de um profissional da área de nutrição funcional e de um médico integrativo. As dicas contidas neste livro se apresentam apenas em caráter de informação e não de prescrição. Nunca se esqueça, somos indivíduos únicos, e nem tudo funciona bem para todos. Se observe, respeite seu limite e persista! Os peixes estão chegando, em quantidade jamais vista!

AGORA É HORA DE MOVER E FORTALECER O ESQUELETO!

Diego Ciarrocchi

Avancem para águas mais profundas e a pesca milagrosa acontecerá. Na mediocridade da margem milagres não acontecem!

Já estamos navegando juntos quase que o livro todo. E neste capítulo do autoconhecimento estamos convidando você a ir além. Quer resultados concretos? Não adianta fazer a mesma coisa esperando resultados diferentes. Então, vou lhe convidar ao novo: a musculação. Isso mesmo, se ainda não está dentro da sua rotina, está na hora de acrescentar. Consegue encaixar pelo menos mais um treino na sua semana?

Pode parecer chato, tem gente que não gosta do ambiente. Porém, são muitos, muitos mesmos, os benefícios da musculação. E se você já passou dos 40 anos, sinto muito, ela é ainda mais importante na prevenção de doenças como a osteoporose. Então vamos fortalecer nossos músculos, ganhar mais força e arrumar nossa postura. E um detalhe: a musculação aliada ao exercício aeróbico ajuda na perda de peso. Sabia dessa?

Então vá até aquela academia do seu bairro, na praça pública (hoje em dia tem várias com equipamentos) ou até mesmo no parque mais próximo. Lembre-se de sempre buscar orientação de um profissional e seguir a recomendação médica.

Ainda não consegue duas vezes na semana? Consegue somente 20 minutinhos? Lembre-se: Devo fazer o melhor que posso com as condições que tenho, enquanto não haja condições melhores para fazer melhor ainda. Não deixe a síndrome do impostor ou os sabotadores do capítulo anterior lhe pegarem. Digo que, caminhando com Deus, todo dia faço algo desafiador.

E já que estamos falando em autoconhecimento e avançar para águas mais profundas, aqui vão algumas perguntas para você responder para você mesmo:

1 - Qual é o meu principal comportamento limitante?

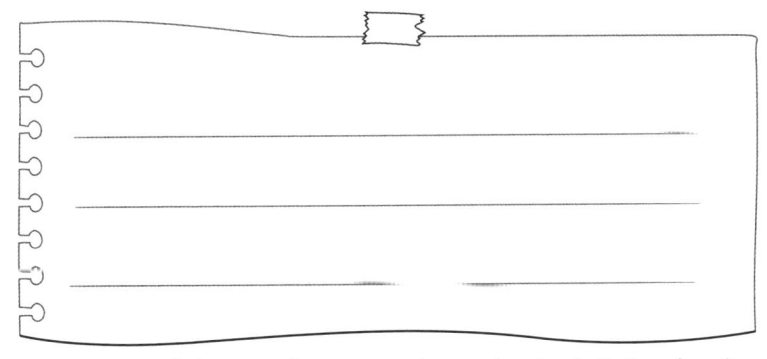

2 - Qual é o ganho por agir assim hoje? Quais são os prejuízos?

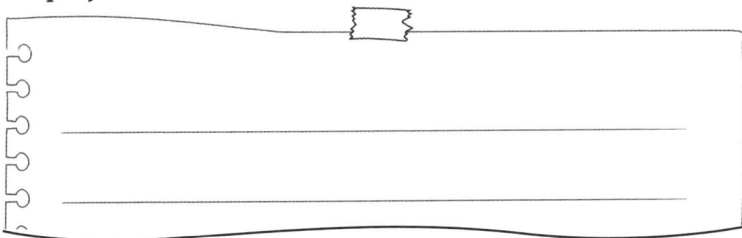

3 - Que talentos e estratégias eu desenvolvi para disfarçar ou encobrir esse comportamento?

4 - Ao agir assim, o que eu demonstro valorizar? Qual é a historinha que eu conto pra mim para agir assim?

5 - Quem eu me torno agindo dessa maneira? Como as pessoas me veem?

14

GULA

Frei Rogério Soares

A gula é um pecado capital, nos afasta de Deus, e em se tratando de comer demasiadamente, faz mal à saúde. Um pecado que nos tira da Comunhão e ainda traz grandes consequências para o corpo. O pior é que as pessoas fazem pouco desse pecado, vira, inclusive motivo de piadas e brincadeiras. Banalizam o comer exageradamente, quase como se fosse uma vantagem. Existe competição de quem come mais, tenho visto perfis de Instagram de crianças fazendo apologia a comida e tirando risos porque comem sem pudor. Pouco sabem que a gula é a porta para a perda do autodomínio e, consequentemente, uma porta para outros pecados e mazelas da vida. O próprio Jesus Cristo fala do que pode causar a gula: "'Tomai cuidado para que vossos corações não fiquem insensíveis por causa da gula, da embriaguez e das preocupações da vida" (Lc 21,34).

O pecado da gula é centrar-se em si e se perder na própria "criaturalidade", desconectando-se de Deus, do Criador, tendo olhos só para a comida e o prazer que ela produz. É um empobrecimento da alma, é apequenar a existência, reduzindo-a a um prato de lasanha ou a um hambúrguer suculento. Quando sei que estou pecando por gula? Quando o comer é mais importante que o ambiente e as pessoas que estão com você, quando você tem olhos somente para a comida, quando você come mais do que o necessário, enfim, quando você exagera. Digo mais, provavelmente se você está com sobrepeso é possível que, em algum momento, você cometa o pecado da gula. Peco por gula, também, quando não consigo impor limites à comilança, quando não espero os 15 ou 20 minutos para minha mente entender que estou saciado. Peco por gula quando o prazer é o fim último de meu ato de comer e não minha satisfação ou a preservação da espécie.

> ...a origem da gula é um amor de si contra si. Ao comer de maneira desordenada, a pessoa ama-se sobre todas as coisas, esquece-se do Criador, coloca o prazer, a si mesma ou a própria comida no lugar de Deus. E, em vez de alcançar a felicidade que almeja e acredita encontrar por esse ato, acaba destruindo-se, ama-se mutilando-se, entrega-se a uma falsa felicidade e impede, por si mesma, o seu encontro com a verdadeira Fonte de felicidade. (Gabriella Gomes Silva)

A gula adoece a alma, ofusca a visão espiritual da

vida e nos reduz ao paladar. Nós nascemos para muito mais, existimos para gozarmos de saúde, de bem-estar físico, mental e espiritual. Uma pessoa dominada pelo instinto de comer, provavelmente, vive uma desarmonia interior que vai refletir, negativamente, em toda a vida. Tornando-se uma pessoa mais lenta, podendo levar à preguiça, à pouca vivência da oração, à perda de interesse pela atividade física. Para complicar a situação, segundo os Padres do Deserto, o pecado da gula está intimamente ligado ao pecado da luxúria, pois tanto o alimentar-se quanto o sexo fazem parte da preservação da espécie. A desordem na alimentação pode gerar desordem na sexualidade e vice-versa. Uma coisa é certa, a falta de autodomínio à mesa nos leva à falta de autodomínio em várias áreas da vida, como vimos ao longo do livro.

O pecado da gula, portanto, é mais que uma questão religiosa, é uma questão de saúde. Quando peco por gula, tanto me afasto da Salvação, quanto me afasto da Saúde. Faço um parêntese para dizer que salvação e saúde tem o mesmo radical do latim, *salus*. Quem se importa com a salvação, se importa igualmente com sua saúde. Por que não dizer que, quem se esforça por emagrecer de forma saudável, rezando, como estamos ensinando aqui, também está conquistando a Vida Eterna?

Você pode estar se perguntando: "O que devo fazer para combater o pecado da gula?". A resposta é: praticar a virtude da temperança. Veja o que diz o Catecismo da Igreja Católica: "A virtude da temperança leva a evitar toda a espécie de excessos, o abuso da comida, da bebida, do tabaco e dos medicamentos." (2290). Ainda, segundo o Catecismo:

> 1809. A temperança é a virtude moral que modera a atração dos prazeres e proporciona o equilíbrio no uso dos bens criados. Assegura o domínio da vontade sobre os instintos e mantém os desejos nos limites da honestidade. A pessoa temperante orienta para o bem os apetites sensíveis, guarda uma sã discrição e não se deixa arrastar pelas paixões do coração (63). A temperança é muitas vezes louvada no Antigo Testamento: "Não te deixes levar pelas tuas más inclinações e refreia os teus apetites» (Sir 18, 30). No Novo Testamento, é chamada "moderação", ou "sobriedade". Devemos "viver com moderação, justiça e piedade no mundo presente" (Tt 2, 12).

Além da temperança, viver uma vida de oração com certa disciplina, alimentar-se de Deus antes de qualquer outro alimento material. Como já dissemos ao longo do livro, você pode buscar a oração que mais lhe conduz à comunhão com Deus. Aqui tenho ensinado a Meditação Cristã, uma oração milenar, que perpassa as grandes tradições religiosas e que melhor nos conecta com Deus e nos leva ao equilíbrio, tão necessário para uma vida moderada.

Lição 14

APRENDENDO A MEDITAR

Meditar é tão simples e, talvez por isso, seja tão desafiador meditar. Deus é simples, por isso meditar nos aproxima de Deus. Na meditação não multiplicamos palavras, não pedimos, apenas repetimos o mantra. Tem dias que não temos vontade nenhuma de meditar, parece que há um inimigo a nos desviar do propósito, e de fato há! Desta forma, precisamos vencer essas ciladas do espírito mau. Encontramos tempo para fazer muitas coisas boas, menos um tempinho para meditar. Às vezes, o espírito do esquecimento ou da indiferença nos acomete, chega a hora de meditar e prefiro fazer outra coisa, muitas vezes consciente ou inconscientemente. O certo é que muitas barreiras e empecilhos vão surgir para lhe tirar do propósito de meditar, você deve vencer tudo. Aconselho ter um grupo de amigos para meditar juntos uma vez por semana. Assim o fiz em minha paróquia, criei um grupo para meditar comigo toda quarta-feira às 18h, está sendo uma experiência extraordinária. Digo a você, medite, rompa as dificuldades, medite. Com o tempo você vai perceber transformações impressionantes e se sentirá mais em união com Deus.

DICAS DE ALIMENTAÇÃO. SIGA SUA TRILHA!

Sabrina Costa

"Quando o amor é simples. Quando a solidão nos deixa. Quando a luz se apaga. Quem acende em nós a vela. Rio ou mar. Calor ou frio Qual é o meu lugar?"
(Equilibrista - Ziza Fernandes)

Antes de começar esta leitura, vou fazer um pedido: pegue seu celular e ouça essa música, esse poema, de Ziza Fernandes.

Quando você entende que seu caminho é apenas seu; que o chamado está, acima de tudo, em seu coração e em sua alma; quando você entende que as escolhas que precisa fazer diariamente dizem respeito a sua vida, a sua saúde, ao seu desenvolvimento como ser humano, aos seus sonhos e seus propósitos; você decide seguir, como esse equilibrista na corda bamba, com os pés descalços, cansados e calejados, você continua...

E é exatamente assim: você balança, você dança, você oscila, entre o novo e velho, entre o sabor do prazer e o sabor da decisão, entre o café amargo e o café doce.

Você escolhe continuar...

Você decidiu que precisa caminhar na direção da sua saúde, a favor de sua vida, e a partir de agora, suas ações requerem solitude, como desse equilibrista. Ter solitude é estar sozinho, voluntariamente, na hora de escolher o que comer, na hora que decide caminhar ou se exercitar, no momento que decide não comer aquele doce de sobremesa, ou decide que a pizza ficará para outro dia.

Por muitas vezes, quando decidimos caminhar por esse caminho, nos deparamos com os desafios da convivência familiar, dos amigos, dos irmãos de caminhada e até mesmo dos lanchinhos do trabalho. Porque a decisão foi apenas sua, e nesta corda bamba você precisará passar sozinho, se equilibrando frente aos compromissos sociais, frente aos olhares julgadores de quem sempre pareceu estar ao seu lado, frente às compras de supermercado "para a família", frente aos inúmeros cafezinhos de fim de reunião de igreja, sem contar os infinitos aniversariantes que vão aparecer de repente.

O caminho que propomos é um caminho de solitude, e não de solidão, porque não existe dor em estar sozinho. Você está muito bem acompanhado de sua própria clareza, dos seus próprios sonhos e dos seus próprios conflitos. Saiba também que outros estão se equilibrando em suas cordas bambas, assim como você, e que a vida pede calma, e passos lentos e firmes.

Quem acende em nós a vela? Qual é o meu lugar? Tudo podes, querido leitor, pois sabemos Quem manterá essa chama acesa em seu coração. Você está apenas começando esse caminho, e ele requer constância, esforço, dedicação e até mesmo muita coragem. Vai custar de nós, ressignificar muitas coisas e também muitas companhias, mas esteja certo *que em breve as flores nascerão e seu caminho será leve, alegre e feliz!*

Quem vive em solitude não desagrada sua melhor companhia, a si próprio. *Quem vive em SOLITUDE, nunca sente SOLIDÃO.*

Vamos planejar nossos compromissos sociais? Vamos aprender a atravessar o final de semana de forma leve e principalmente sendo feliz no caminho?

Quem está em um processo de emagrecimento poderá organizar até 2 (duas) refeições livres por semana. Veja, 2 refeições, não 2 dias inteiros! Desta forma, você não irá comprometer a perda de peso que já conquistará durante os outros dias que entrou em déficit calórico. Lembre-se que os alimentos que "gostamos" de comer são quase, em sua totalidade, inflamatórios, hipercalóricos e depletam a saúde que conquistamos! Todo seu esforço em manter os exercícios e a alimentação em dia, deve ser honrada por você, em primeiro lugar. Na hora de organizar sua semana, planeje seu Ritual Matinal, suas compras e suas marmitas, organize também quais serão os dias em que fará suas "refeições afetivas", com a família, com os amigos e quais eventos terá na semana. E saiba que, o que estiver fora do seu planejamento, pode custar o emagrecimento conquistado naquela semana, é como economizar o dinheiro para comprar algo de maior valor.

Anote aqui seu planejamento desta semana e quais serão os possíveis imprevistos sociais que enfrentará fora de seu planejamento. Não se esqueça de colocar os lanchinhos e beliscos entre as refeições. Estes costumam ser repletos de calorias vazias e é melhor evitarmos.

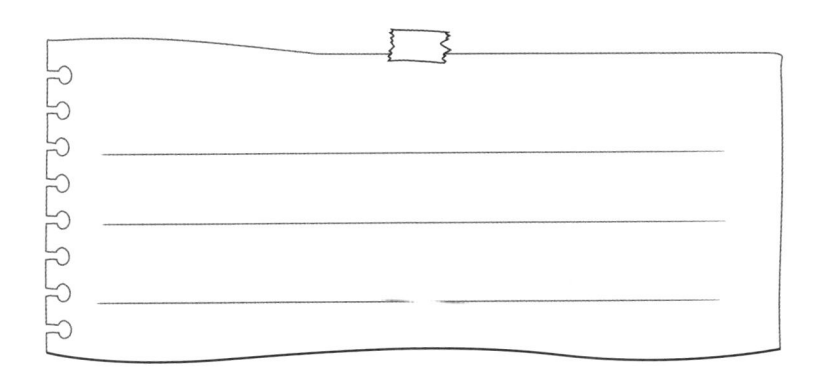

AGORA É HORA DE MOVER O ESQUELETO!

Diego Ciarrocchi

Quem malha, seus males espanta.

Já estava com saudades! E queria fazer uma pergunta: Há quanto tempo você está lendo? Como está sua postura? Então, antes de continuar sua leitura, fique de pé, dê uma alongada, estique-se, espreguice, faça algumas respirações profundas, beba água (lembra dela?), arrume sua postura e volte aqui.

Deu certo? Agora sim! Neste capítulo, quero lhe convidar a refletir no que você é bom. A esta altura, você já deve ter experimentado diversos tipos de exercícios, horários, hábitos novos. Em qual momento e atividade você se considerou bom? Você sentiu mais prazer? É justamente neste lugar que você deve concentrar seu esforço. É claro que a gente precisa melhorar sempre, mas às vezes a gente esquece do que a gente é bom. "Sedes bons administradores dos dons de Deus". Então, meu convite é para você escolher seu melhor momento do dia, sua melhor atividade física e colocar um pouco mais de intensidade nela, seja aumentando o ritmo, aumentando um pouco o tempo ou até mesmo, colocando uma carga extra. E, para lhe ajudar, queria me conectar com você. Então, gostaria de pedir para você tirar uma foto, postar na sua rede social, marcar o @emagreca_rezando e colocar a #emagrecarezando. Por quê?

Primeiro: Para a gente acompanhar e vibrar com suas conquistas.

Segundo: Tem muita gente que pode se inspirar em você, acredite.

Terceiro e mais importante: O principal evangelho que as pessoas precisam ler é a nossa vida. E, talvez, esse amor pela sua qualidade de vida pode ser a única forma de levar Deus às pessoas.

Que o amor lhe peça para fazer muitas coisas boas, todos os dias. Mas se você chegou até aqui, aflito porque ainda não criou uma rotina, não se culpe e não tenha pressa. Como dizia Padre Pio: "Peça a Deus que Ele faça tudo o que você não consegue fazer." Então, não termine este livro, não vá para o próximo capítulo. Este é um guia para lhe ajudar no dia a dia, você não precisa correr para começar a próxima leitura. Deixe este livro sempre contigo, na sua mesa, perto da sua cama ou em qualquer lugar que você possa sempre voltar e reviver algum capítulo que esteja precisando. Este livro é seu amigo nessa transformação e deve lhe acompanhar.

Portanto, se precisar, volte alguns capítulos, recomece, tente novamente, tente de outra forma, insista, mas não desista de você. E se precisar, nós estamos aqui.

Divirta-se acima de tudo.

Bons treinos!

15

POR QUE REZAR EMAGRECE?

Frei Rogério Soares

Porque Deus é maior do que sua fome. Quem lhe criou é infinitamente maior do que sua vontade de comer.

Porque nossa grande fome é de Plenitude. Enquanto não dermos Deus para nossa alma, nos encheremos de comida tentando suprir uma fome espiritual.

Porque a oração alimenta, nutre a alma e nos dá uma saciedade que reduz, inclusive, a fome do corpo.

Porque rezar reduz a ansiedade, grande vilã e responsável por comermos compulsivamente.

Porque a vida em Deus nos traz equilíbrio, paz interior, serenidade, confiança. Diante de tudo isso, comer muito se torna agressão ao corpo.

Porque rezar nos leva ao autodomínio. Rezando aprendemos o autocontrole e saberemos sempre nosso limite.

Porque a oração é o principal antídoto contra a gula, que para alguns Santos Padres, é a origem de todos os pecados, pois comendo o fruto proibido foi que Adão e Eva pecaram.

Porque rezar me faz habitar eu mesmo, na oração sou restituído a mim mesmo. E quando isso acontece, sou mais senhor de mim, inevitavelmente cuidarei mais de minha saúde e me alimentarei melhor.

Porque rezar me leva a amar a Deus sobre todas as coisas: sobre as pessoas, sobre os bens, e no nosso caso, sobre a comida. Amo mais a Deus do que o prato de lasanha que está na minha frente, por mais delicioso que seja.

Porque rezar me mostra meu amor-próprio, o valor que tenho, e quando tomo consciência desse valor, aí me encontro com Deus. Se me amo, se encontro o meu valor, como vou me destruir com tantos alimentos nocivos?

Porque rezar me faz amar o próximo. Passo a olhar o outro com empatia, com respeito, com compaixão. Quero servir os mais necessitados, ser sinal de esperança. Não serei eu, com minha gula e desperdício, que tirarei alimento da boca dos mais pobres.

Porque rezar me traz alegria. Uma alegria genuína, que brota dentro, no meu íntimo, que me faz ver a vida com os olhos da fé, da esperança e do amor. Assim, louvo a Deus pelo alimento, que passa a ser sagrado e não apenas um monte de gordices a me satisfazer.

APRENDENDO A MEDITAR

Lição 15

Chegamos à última lição sobre meditação. Espero que você já tenha começado a meditar, caso não tenha iniciado ainda, não se culpe, o dia pode ser hoje ou amanhã. Tem 27 anos que medito e ainda sinto que preciso andar muito para me tornar um mestre da meditação. Uma coisa posso assegurar: sinto-me mais perto de Deus, continuo sendo um pecador, e até eu me envergonho de minhas faltas, porém já consigo experimentar a misericórdia de Deus mais presente em minha vida, que me restaura e me regenera.

Posso colher um grande fruto da meditação, a superação da ansiedade. Quem me conhece sabe que quase não tenho ansiedade em nada, às vezes até gostaria de ter um algo de ansiedade, para a vida ficar mais emocionante. Creio que está bom assim, consigo me manter sereno diante dos obstáculos e não parto para a comida ou o chocolate, para compensar a ansiedade.

Evidentemente, não medito só para emagrecer e espero que você também não. Busco na meditação, comunhão comigo mesmo, com a natureza, com as pessoas e com Deus. Medito para ser Um, com a Santíssima Trindade. Claro que alcanço paz interior, organizo espiritualmente minha vida, sou mais fraterno, menos julgador ou preconceituoso.

Com a meditação tenho alcançado uma ecologia espiritual. Escutei esse conceito ontem, aqui no retiro inaciano que estou fazendo, do padre jesuíta que está pregando. Ecologia espiritual é o conjunto de gestos e ações que realizo que formam minha espiritualidade. A meditação me trouxe isso. Uma boa conversa faz parte de minha espiritualidade, a caminhada no parque, o perdão, servir às pessoas, ir à missa, meditar, sorrir, brincar, alimentar-se bem, as adversidades, tudo está integrado e forma meu ser espiritual. Aceite o desafio de repetir o mantra MARANATHÁ, pela manhã e à noite, algo de extraordinário vai acontecer com você e emagrecer será só uma consequência.

DICAS DE ALIMENTAÇÃO. SIGA SUA TRILHA!

Sabrina Costa

"A história vai contar. O que você se tornou
Os amigos vão se lembrar. De tudo que você sonhou."
(Ei, amigo – Dunga)

Ei, amigo! Aqui chegamos, nosso último capítulo deste início de jornada. Jornada? Sim, nunca se tratou de um caminho, sempre foi o início de uma grande jornada. Jornada de uma vida, que você vai construir com passos largos, pequenos, rápidos ou lentos... Às vezes, os passos serão para trás e, logo, acertará novamente a direção. Acima de tudo, seus passos devem ser FIRMES e CONSTANTES. É na constância que mora o segredo! Que nada lhe faça parar e quando tudo estiver encerrado, eu ainda lhe encontre caminhando...

Permanecer, continuar sendo. E já vem logo a dica: "Aquele que permanece em mim, como eu nele, esse dá muito fruto; pois sem mim, nada podeis fazer." (Jo 15,5b). Isso me faz lembrar a sabedoria do girassol.

O girassol, enquanto cresce, busca o SOL, fonte de energia vital, e mesmo que ele esteja escondido atrás das nuvens, o girassol sempre estará voltado para a direção dele. Antes mesmo do sol nascer, ele já o espera, voltando-se para o leste. Em dias de tempestades, eles voltam-se UNS para os OUTROS, trazendo de volta a memória do calor e da energia que, um dia, receberam da verdadeira fonte. Ao fim da vida, ao término da jornada, ele se inclina, encerrando ali o ciclo virtuoso e majestoso.

Isso mesmo, ao fim da jornada, antes disso, temos UNS aos OUTROS, nas tempestades desta vida. Querido leitor, deixo aqui meu "até breve", porque não se trata de um adeus. Eu estarei lhe "esperando na janela", na abençoada janela das redes sociais (@dra.sabrina.costa), lá você poderá me encontrar todos os dias semeando a BOA NOTÍCIA a favor da sua vida e da sua saúde.

"Pois houve um tempo e um lugar
Que Deus decidiu nos plantar"

Nunca se esqueça: O milagre sempre estará no caminho, e as flores também.

Deus te abençoe! Conte comigo!

AGORA É HORA DE MOVER O ESQUELETO!

Diego Ciarrocchi

"Completei a corrida, guardei a fé" (2Tm 4,7b)

A esperança está entre nós! Chegamos! Parecia impossível, mas quando a gente caminha junto com Deus, quando a gente faz a nossa parte, o milagre acontece. E o milagre, é sempre de duas vias, depende da nossa ação. Assim como Jesus fazia: para multiplicar os pães, era necessário oferecer os 5 pães e 2 peixes; para transformar água em vinho, era necessário trazer os jarros de água; para a pesca milagrosa acontecer, foi preciso lançar as redes. É assim também na nossa vida, a gente só consegue uma melhor qualidade de vida quando a gente dá o passo e confia que Deus vai agir quando a gente não consegue seguir sozinho.

Este capítulo não é uma despedida, é um até logo. Não nos afastemos, vamos de mãos dadas. Volte nos capítulos sempre que precisar, vai ser bom rever o que você escreveu.

E meu último convite é que você multiplique a pesca. Que você leve o que aprendeu e viveu neste livro para mais alguém. Pode ser um amigo, um parente, o esposo, o filho, a mãe, não importa. Mas lhe faço o convite para presentear algumas pessoas com este livro, amigos que você sabe que podem se beneficiar de tudo que escrevemos por aqui.

Parte do nosso propósito é estar a serviço e colocar

o amor em movimento, ou seja, deixar o amor passar por você para chegar no outro. Seja ponte! Portanto, escreva aqui o nome de algumas pessoas que você vai presentear:

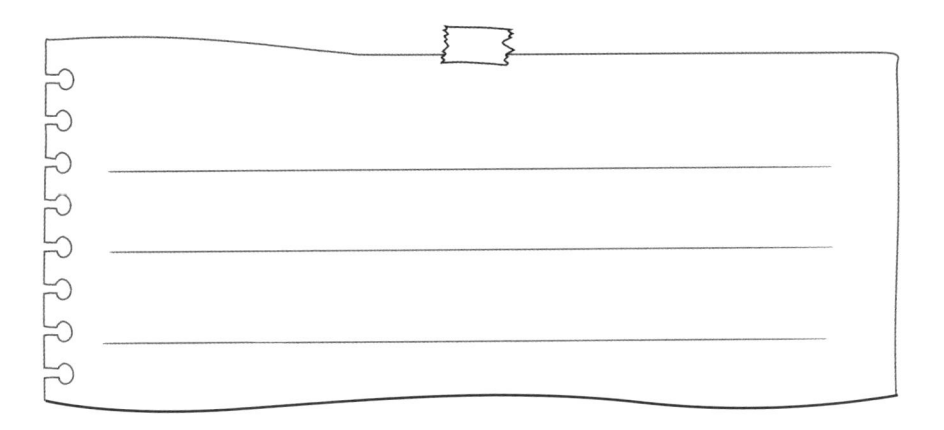

___

Tênis no chão e corações ao alto! Que o nosso coração esteja em Deus, em sintonia com nosso corpo, nossa mente e nossa alma. E a atividade física de hoje? Sorrir e amar, talvez este seja seu melhor remédio e a sua cura. O resto? Você já sabe o que fazer. Dê passos concretos para a mudança que você deseja.

Feliz nova vida!

BIBLIOGRAFIA

- Freeman, Laurence. A luz que vem de dentro: o caminho interior da meditação. São Paulo: Paulus, 1989. Coleção em espírito e verdade.
- Freeman, Laurence. Perder para encontrar: a experiência transformadora da meditação. Petrópolis, RJ: Vozes, 2008. Coleção Espiritualidade de bolso.
- Grun, Anselm. O céu começa em você: A sabedoria dos padres do deserto para hoje. Petrópolis, RJ: Vozes, 2000.
- Hartwig, Dallas. Tudo começa com a comida/ Dallas Hartwig e Melissa Hartwig. Rio de Janeiro: Sextante, 2017.
- Main, John. A palavra que leva ao silêncio. São Paulo: Paulus, 1987. Coleção Meditações.
- Murray, C . J. L., et al. " Health effects of dietary risks in 195 countries, 1990–2017: a systematic analysifor the Global Burden of Disease Study 2017", Lancet 2019; 393: 1958–72

ANGELVS
EDITORA

www.angeluseditora.com